フリーランスで生きるということ

川井龍介 Kawai Ryusuke

JN259697

★――ちくまプリマー新書

240

目次 * Contents

イラスト　加藤桃子

はじめに

「私、失敗しないので」。女医、大門未知子《だいもんみちこ》のこの決め台詞《ぜりふ》が印象的なテレビドラマ「ドクターX」を覚えていますか？　二〇一四年にもっとも高い視聴率だった人気ドラマの主人公、未知子は、フリーランスの外科医という設定です。彼女が勤務する大病院は、権威や名誉が支配する、男性中心のピラミッド型の社会です。医師たちは、上司を気にして病院内の派閥や出世に囚《とら》われながら仕事をしています。そのなかでたったひとり、外科医の大門未知子はこうした組織の力学とは関係なく、その優れた技量を武器にいくつもの難しい手術をこなしていきます。ドラマの解説のなかでも彼女のことを「フリーランス」という言葉で紹介しています。

プロフェッショナリズムに支えられた彼女は、何かを命じられたり患者から頼まれたりしたとき、「医師免許がなくてもできる仕事は一切いたしません」と、自らのポリシーを宣言します。自分は、医師としての技量を病院に提供する見返りに、報酬を得ているのであって、それ以外のことで報酬を得ているのではないという宣言です。

つまり、彼女は他の医師や職員のように病院に雇われて働いているのではなく、病院との契約で、治療や手術という仕事を請け負っています。何時に出勤して、残業代がいくらで、といった決まりの中で働いているわけではなく、決められた仕事さえやり終えて病院に提供すればいいわけです。大工さんが施主（建築主）から頼まれて家をつくるのと同じです。

ただ、このドラマでは、直接彼女が病院と契約しているのではなく、間に仲介役をつとめる人がいて、彼が仲介料をとって、大門未知子を病院へ紹介、派遣するという仕組みをとっています。それでも、彼女はこの仲介者に雇われているわけでもなく、自分の意思で仕事を選んでいます。

このドラマの脚本を書いたのは、中園《なかぞの》ミホさんで、NHKの朝の連続テレビ小説「花子とアン」（二〇一四年度上半期放送）なども手がけた人気脚本家です。中園さんは、大門未知子という主人公が生まれる背景として、現在の医療現場を取材した際に、若い医師たちが自分たちのスキルを生かせず、教授の論文の手伝いや送り迎えなどに追われている状況を目にして、自分ならこんな現場にはいないと思った、と言っていました。その結果、実力を頼りに仕事に専念する主人公が登場したようです。

ドラマの世界で、こうして登場した大門未知子は、フリーランスという意味では、最高峰といってもいいでしょう。実力に全面的に裏付けられた独立した個人の仕事人だからです。しかし、彼女のような場合は特殊で、一般にフリーランスが意味するものは、まったく彼女とは反対の場合があります。その最たるものが、テレビのミステリードラマのなかに登場してくる、フリーライターの位置づけが物語るフリーランスです。

この場合のフリーは、フリーランスの省略であり、フリーライターは英語で正確には、フリーランス・ライターとなります。全部が全部というわけではないですが、ドラマで登場するフリーライターは、殺人事件などに関わり、たいてい取材などでつかんだネタをもとに誰《だれ》かを脅したり、ネタを売りつけたりする悪役です。

お茶の間を楽しませるドラマ（フィクション）ですから、気にすることはないのかもしれません。しかし、私自身がフリーランスとして長い間仕事をしていることもあり、自分の職業があまりいいイメージで扱われることがないのは、残念で仕方ありません。

こうした「フリー像」を描く背景には、フリーという、悪く見れば仕事も収入も不安定な人たちは、なかなかまっとうに稼ぐのが大変だから、ときには仕事の本筋を外れていかがわしいことをすることがあるのだろう、といういわば偏見があるようにも思われます。

もちろん実際にフリーライターが、恐喝事件を起こしたことなどはあるでしょう。しかし、それをいうなら会社員でも、警察官でも、国会議員でも刑事事件を起こすことだってあるわけです。それなのに、大門未知子の肩書きが意味するフリーとはまったく逆に、どちらかといえば世間にあまり評価されないフリーに対する印象もあるのは事実ですし、実際にその仕事をしている人を具体的に知らない人は、「フリー」に対してネガティブな印象をもっていることがあります。

同じ内容の仕事なら、おそらく一般的には会社員の方が収入も高いし、もちろん安定もしているでしょう。一例を挙げれば、雑誌などの出版物に何かものを書くライターや編集をする仕事については、会社員としての記者や編集者などと比べれば、フリーの収入は一般に少なく不安定です。

私は、一九八〇年代に社会にでましたが、確かそのころマスコミを志望する学生に書かれた本のなかに、「フリーライターは失業者の別称」といった、強烈な表現があったのを覚えています。ここではさまざまなマスコミの仕事が紹介されていて、そのなかにフリーライターがこのように紹介されていました。もちろん読者を引き付けるための誇張ですが、いわんとしていることは、みなさんが想像される通り、収入が不安定でときには仕事がなくなり、失業者と変わらないこともあるというのがその実態だということです。

実際にフリーのカメラマンやウェブデザイナーなど、さまざまなフリーランスの仕事を持つ人のなかには、その肩書きとは別の仕事をしている人も多いのが事実です。反対に引く手あまたで、その道のプロとして名前が知られている人もいます。また、フリーランスの意味を広くとらえれば、建築家や庭師、弁護士なども個人で独立してやっている限りはフリーランスですから、専門職としてその仕事だけで十分生活している人も多くいるわけです。

このように、ひと口にフリーランスあるいはフリーといっても、その内容や意味するところや印象はさまざまです。仕事の価値についての考え方は人それぞれで、生活は大変でも、組織に束縛されるよりいい、と思っているフリーの人もいるでしょう。いや、そんなことはない。嫌なことはいろいろあっても会社員であれば、身分も収入も安定しているから、やっぱり会社員が一番だ、という人もいます。

どちらがいいか。それは、一概には言えません。どんなものにも長所と短所がありま す。自分に合った働き方を見つけるなかでの選択肢の一つとして、会社員や公務員、そしてフリーランスもあるのでしょう。ただ、会社員など組織の一員として雇われる仕事がほとんどの日本社会では、フリーランスについては、あまり説明されていないのは事実です。

雇用がますます流動的になっている昨今、フリーランスという働き方、生き方もあるということを知っておくことは、広い意味で、働くことと生きることを考える上で、参考になるのではないでしょうか。こうした理解のために本書が多少なりとも役立ってくれれば著者としては、うれしい限りです。

(※以下、本文中では、フリーランスのことをフリーと言い表わすこともあります。)

第一章　フリーランスってなんだ――「働き方」から考える

仕事におけるフリーランス

「便利屋」という仕事があります。たいていどんな仕事でも引き受けるので便利屋といわれるのですが、バブル経済のころ都内のある便利屋を取材したことがありました。引っ越しや清掃などよく頼まれる仕事とは違って、ときには、「悩みの電話の聞き役になる」、「ファストフード店に行って夜中にハンバーガーを買ってくる」、「犬の散歩」、「受験生の代わりに願書を出しに行く」……そのほか、いろいろな仕事が日々舞い込んでくることがわかりました。

便利屋はいろいろな仕事の集積のようですが、世の中には実にさまざまな仕事があり、数限りない職種の人たちがいます。コンビニの店長として、一本釣りの漁師として、介護職員として、またお笑い芸人として……、みんな何らかの形で社会を支えています。

こうした幾種類もの仕事を分類する方法はいくつかあります。古くは、ホワイトカラー（事務系の仕事）とブルーカラー（肉体労働系の仕事）という単純な二分類もありました。また、就職活動の際などに、製造業とか流通サービス業、金融業、ＩＴ関係、農業といったように働く先の業界による分け方や、営業、経理、現場監督、配送など、仕事の内容（職種）による分け方も一般的です。

会社員の身分が正社員だけでなく、さまざまに分かれている今日では、正社員、契約社員、派遣、アルバイトなど雇用形態によって仕事を分けることもそのひとつです。

そのほかに、昔からアンケートなどで職業を尋ねるときに、選択肢のなかに「会社員」「自営業」「公務員」「自由業」といったおおざっぱな分類があります。「自営業」は、自分で店や事業を経営する仕事です。

では、「自由業」というものが意味するのはなんでしょう。若いころ初めて「自由業」という言葉を見たときは、「自由」とついているので、なんだかいいなあ、と感じました。自由にできる仕事、自由がきく仕事といったニュアンスが伝わってきたからです。誰《だれ》でも、とくに若いころは自由という言葉には敏感に反応してしまいます。

この自由業が意味するのは、明確な定義はありませんが、ライターやデザイナーなど、ある種の技能をもっていて、会社に所属するのではなく、仕事に応じて契約をしていく職業と一般に考えられます。今日でいうフリーランスとほぼ同じです。

つまり、かなり以前から大きく職業を分類するときに、フリーランス（自由業）という分野は存在していました。しかし、会社員が圧倒的な多数である日本社会では、これはかなり特殊で少数なので、とりあえず分類のなかに入れてあるという程度で、あまり詳しく論ぜられることはありませんでした。

何かの機会に自己紹介として用紙に自分自身のことを記入するよう求められたとき、その用紙に「氏名」、「住所」などのほかに、「職業」ではなく「勤め先」と書かれた欄を見ることがあります。勤めている人ではない場合もあるはずですが、人は誰でもどこかに勤めているものだ、と考えられているような気がしてしまいます。

自分で決めて働く――フリーランスの由来

最近では、フリーランスやフリー、あるいは自由業というくくりかたで、この仕事について説明されることが目立ってきました。しかし、その意味するところは、普通の会社員や公務員、団体職員などのように組織に所属して給与をもらうという働き方とは違うということ、つまり非会社員、非組織員ということ以外には明確な定義はなく、人によっても解釈が違うようです。

その点は無理に定義しようとすると、「じゃ、この場合はどうなの？」といった疑問や混乱がでてくるので、まずはフリーランスとそれに類似する言葉にはどんなものがあるのか、そしてそれぞれがどんなことを意味するのかをみてみましょう。言葉が意味するものをはっきりさせないまま話を進めると、曖昧《あいまい》さが広がるので確認しておきます。

そもそもフリーランスという言葉は、英語でfree-lanceと表わし、その意味はもともとは傭兵《ようへい》という意味です。ヨーロッパの中世で、特定の主君をもたず戦争に応じて雇われた兵士のことです。

lance（ランス）というのは、槍《やり》を持って戦う槍騎兵《そうきへい》のことで、西洋では男性の名前にもなっています。こうした「兵士」が主に「傭兵」になっていたのでしょう。現代的な意味は、free-lance（フリーランス）を「（特別契約のない）フリーの作家、自由契約の記者、非専属［自由契約］俳優，フリーランサー」（研究社、新英和中辞典）などと定義しています。

傭兵が戦いに応じて戦場に赴くのと同じように、現代のフリーランスも基本的には決まった組織などに雇われているのではなく、その都度仕事に応じて一種の契約をして、仕事をしています。言い方を換えると、特定の君主に仕えている（社員のように雇われている）正規の兵隊がいる一方で、そうした兵隊にはならずに、時宜に応じて仕事を選ぶのがフリーランスのフリーランスたる所以《ゆえん》でもあります。

現代では、フリーランス（freelance）という単語は「自由契約で仕事をする」といった形容詞としてつかわれることもあれば、そのまま自由契約で仕事をする人、という意味で使われる場合もあります。この場合は、フリーランサー（freelancer）ということもあります。

職種を説明するときの「フリー」がフリーランスの意味であることはすでに述べましたが、単純に自営しているという表現としては、英語ではself-employed（セルフエンプロイド）とも言います。フリーという意味合いは弱く事実のみを表わしているので、日本語の自営業に近いでしょう。しかし、アメリカでセルフエンプロイドとして、紹介されているスモールビジネスをみると、「フリーランス○○」の仕事と重なるところがかなりあります。

アメリカのフリーエージェント

このほか、フリーランスと同様な意味をもつ「フリーエージェント」という言葉もあります。この言葉は、プロ野球界の話で、「○○選手は来季はフリーエージェントになるので、アメリカのメジャーリーグと契約することになりそうだ」といったニュースの中で聞いたことがあると思います。

この場合のフリーエージェントは、どこの球団にも契約上縛られることがない「自由契約選手」という意味ですが、一般的にも特定の組織に属さずに契約にもとづいて仕事をする人のことを指すことがあります。エージェントとは代理店、機関という意味ですから、個人が一つの機関として成り立っているという意味が感じられます。

近年、インターネットの普及によって、仕事をする場所の制約が少なくなってきました。こうした環境を利用して、アメリカではフリーエージェントとして、仕事を請け負いながら国内をトレーラーハウスなどで旅する人たちがいます。牛を追って旅をするのが仕事であるカウボーイのように、移動しながらどこにいても約束したものを提出すれば仕事になるというダイナミックなライフスタイルは、仕事も自由だが生活も自由であるという二重の「フリー」を享受しているようです。

これは極端な例ですが、このように組織からの物理的な制約を受けずに、独立して仕事をする人や形が積極的な意味でのフリーエージェントだと、この言葉の生まれたアメリカではとらえられているようです。

著書『フリーエージェント社会の到来』で、アメリカにおけるその実情を表わしたダニエル・ピンクは、フリーエージェントの将来像を前向きに描きました。この本では、フリーエージェントの中身は、フリーランスに加えて個人事業を営む人やミニ起業家、そしてスキルをもった臨時職員（自ら好んでこの地位にいる）で構成されていると定義しています。

そのうえで、二〇〇一年の時点でアメリカ社会で働く人のうち四人に一人が、なんらかの意味でフリーエージェントだと本書では言っています。

ピンクの定義に含まれるミニ起業家が意味するものは、ほぼ自営業（個人事業）と重なるところがあります。しかし、ミニ起業家としてのフリーエージェントの方が、より「フリーであることを選び取って」独立した事業にしているというイメージがあります。

起業家という言葉はフランス語、英語ではentrepreneur（アントレプレナー）と書きます。起業は事業を起こすことであり、その後は、競争と拡大発展を基本とする資本主義の世の中では、個人事業の枠を出て企業となっていくことを目的としています。これが実現すれば会社組織となり、もはやフリーエージェントとは言えなくなります。それゆえフリーエージェントはミニ起業家に留まるのでしょう。

つまり、ピンクのいうフリーエージェントは、あえて規模を拡大しないで、個人事業

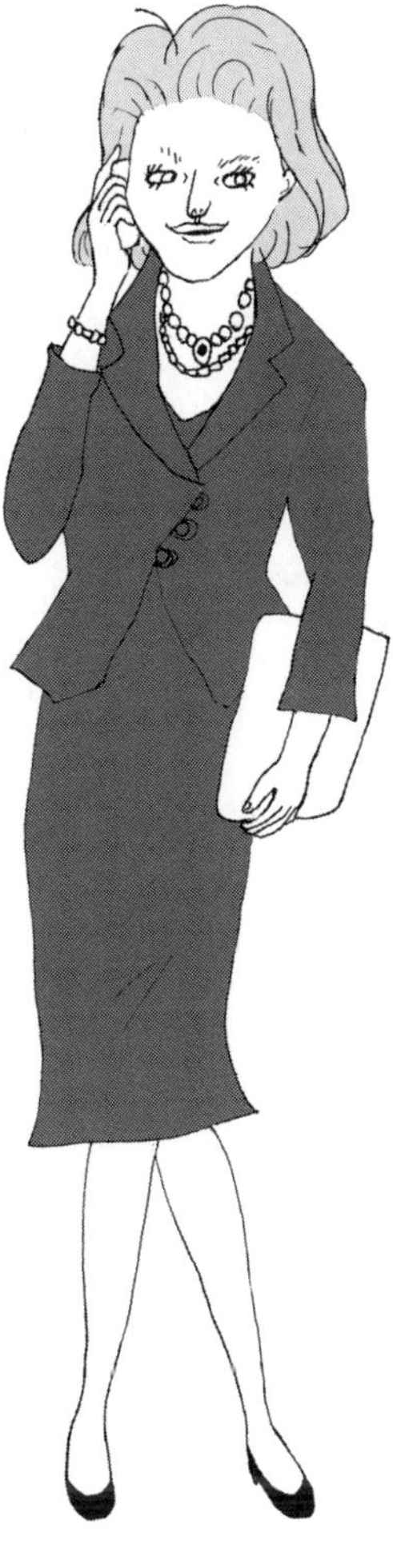

として活動が比較的自由であるということに、その存在意義があるようです。

フリーランスとフリーターは違う

フリーという言葉がつくものにもうひとつ、フリーターがあります。これをフリーランスとほぼ同様の意味だと解説されることがありますが、そうではありません。バブル経済がはじまる一九八〇年代中ごろまでは、大学や高校を卒業すると正社員になることを前提に企業などに就職しました。しかし、バブル経済によって求人が増え、働く場所に困らなくなると、正規に就職するのではなく、アルバイトを繰り返して自由に時間と場所を選んで働くような若者が目立ってきました。

やりたいことが見つかるまでのモラトリアム（猶予期間）として、あるいはもう少し自由に働きたいという気持ちから、こうした働き方のスタイルが出てきました。彼らはフリーアルバイターの略語として、フリーターと呼ばれるようになりました。

フリーターについては、国もその働き方などに注目し、二〇〇〇年の労働白書で次のように定義しています。
「年齢は一五～三四歳と限定し、①現在就業しているものについては勤め先における呼称が「アルバイト」または「パート」である雇用者で、男性については継続就業年数が一～五年未満の者、女性については未婚で仕事を主にしている者とし、②現在無業の者については家事も通学もしておらず「アルバイト・パート」の仕事を希望する者」

フリーターについて分析することを考慮しているので、本当にこうした定義が世間的に妥当かどうかは別にして細かく限定しています。ほかにも専門家によって定義が試みられていますが、大方の共通理解としては、アルバイトかパートで雇用されているか、雇用されたりされなかったりして生活をしている人、を指しています。

フリーターになるそもそもの動機や生活スタイルをみればわかるように、フリーターは社員として就職することができたかもしれないのを、あえて避けていたような面があり、昨今のように正社員になれず派遣や非正規雇用、あるいはアルバイトを余儀なくされる人たちとは同等ではありませんでした。フリーターにはそうした、働き方を選び取ったというニュアンスが多少なりともあったという点で、気楽な一面がありました。

しかし、その後日本経済が落ち込み、新卒の就職事情も悪化、企業も雇用形態を見直してくると、正社員になるのが難しくなり、仕方なくフリーターのような形で働かざるを得ない人が多くなりました。こうなると、もはやかつてのように意識して仕事を渡り歩くというスタイルはなくなり、その意味で本来のフリーターではなくなりました。

学生ではなくアルバイトや派遣などで働きつづけている人のなかには、正社員のように組織に深く依存するライフスタイルを望まないために、あえてアルバイト的な仕事に甘んじようという人もいます。しかし、できれば正社員になることを求めているのが昨今は一般的でしょう。

ニートとパラサイト

いつも仕事についているとは限らないのがフリーターですが、さらに仕事をほとんどしない若年層の人たちのなかで、ニートと呼ばれる層があります。フリーターとの関連で少し説明しておきます。ニート（NEET）は、「Not in Education, Employment or

「Training」の略で、学生でもなければ、働いているわけでもなく、また仕事を求めて訓練しているわけでもない人たちを指します。

学校を卒業しても働かずにニートとして生活するには、親などの庇護《ひご》をうける必要があり、その意味でパラサイト（Parasite＝寄生虫、居候の意味）と呼ばれたり、あるいは、こうした人は独身なのでパラサイト・シングルと呼ばれることがあります。さらに、パラサイト的な生活を送っている人のなかには、外部との接触をほとんど持たない、いわゆる「ひきこもり」といわれる状態に陥ってしまう人がいます。

こうしてみると、働くことやライフスタイルに関わるフリーという概念の周辺には、積極的に自由を選び取るものから、自由と不自由を併せ持つもの、そして、義務も強制もないという点では自由でも、周りからはどうみても不自由にみえるものがあります。

選び取った働き方として

フリーターという言葉からは、積極的に選び取った働き方というイメージが浮かびません。しかし、フリーランスには少なくとも、そう名乗るのであれば、それなりの覚悟があるように思えます。

とはいっても、フリーランスになるいきさつや動機はさまざまです。会社に嫌気がさして辞めたとか、リストラにあったので再就職はせずになんとなく選んだ道がフリーランスだった、という消極的な理由もあるでしょう。これに対して派遣やアルバイトとしてある特定の仕事をしているうちに、フリーランスでやれそうなので挑戦してみたという場合や、組織に属さず自分のペースで特定の技術をつかって独立してやっていこう、という動機にもとづいたはっきりした覚悟のあるフリーランスもあります。

ライターやエディター、写真家、映画の監督、プロデューサーといったクリエイティブな仕事をはじめ、IT技術を生かしたさまざまなエンジニアやデザイナー、このほか会計・経理やコンサルティング業務など、さまざまなフリーランスの仕事の世界で、あえてその道を選んだ人がたくさんいます。また近年では、企画や広報といった企業がこれまで内部で抱えていたものまで、企業から外注されて請け負うフリーランスの形もあります。

コスト面（人件費）から考えて専門技術や技能を持つ人を社内に抱えるより、外に出せば効率よく処理できるだろう、という考えをもつ企業がこうした仕事を供給しています。そうした流れのなかで、自分にあった仕事のスタイルとしてフリーランスを選んだ人もいます。

ここまでフリーランスといわれるもの、それをとりまく状況を見てきました。次に、フリーであることは具体的にどのようなことなのか、その働き方について、雇われる働き方との違いを考察してみます。

雇われない働き方

「自由業」を明確に定義できないように、「フリーランスとは、○○です」とひとことで定義することはできません。ただ、はっきりしているのは、「フリーランス」は、仕事の内容を意味しているのではなく、「働き方」を意味している概念だということです。

確かに、ライター、デザイナーなどフリーランスに特徴的な仕事はありますが、他の多くの仕事でも、「フリーランスの〇〇」という仕事はあり得ます。共通するのは「働き方」です。

高校や大学を卒業して、就職活動をするとき、ふつうはどこかの会社や公共機関、団体など組織で働くことを前提に、就職先を探してアプローチしています。言い換えれば、組織（場合によっては個人）に雇われるという働き方を選んでいます。なかには家業のレストランを手伝うといった自営業的な働き方や、学生時代に会社を作って経営者になるという働き方もありますが、いきなり独立するという人はほとんどいないでしょう。

就職＝雇われる働き方に対して、フリーランスは、〝基本的には〟雇われない働き方です。では、雇われない働き方とはどういう働き方なのか。それを明確に知る上で、逆に会社員など雇われる働き方とはどういうものかを、先に確認しておきましょう。若い人にとって社会に出ることは、たいてい雇われて働くことですが、法律的にはどういうことなのか、意外と知らずにいることが多いようです。

保護の代償としての従属

会社などに就職して雇われることになった場合、雇われる側（働く側）は雇う側（会社など）と雇用契約という契約を結びます。雇用契約は民法（第六二三条）によって定められていて、雇われる側が雇う側に労働力を提供することを約束し、一方雇う側は報酬を与える約束をすることで効力が発生します。

しかし、就業の形態が多様化するなか、それだけでは会社と労働者との間などでの紛争も増えてきたため、これらに対応するために労働契約法ができ、労働者と使用者（雇う側）の間での契約について、以下の基本的なルールが明らかにされました。

●労働契約の締結や変更に当たっては、労使の対等の立場における合意によるのが原則。
（第3条第1項）
●労働者と使用者は、労働契約の締結や変更に当たっては、均衡を考慮することが重要。
（第3条第2項）

●労働者と使用者は、労働契約の締結や変更に当たっては、仕事と生活の調和に配慮することが重要。（第3条第3項）
●労働者と使用者は、信義に従い誠実に行動しなければならず、権利を濫用してはならない。（第3条第4項・第5項）

こうしたルールはあっても、実際の働く現場では、どうしても会社など雇う側の力が強いのは当然で、その結果労働者が長時間労働になり健康が脅かされるといった問題などがおきます。こうしたことを防ぐために、労働基準法によって労働条件の最低基準が定められています。

このほか、労働組合法、労働関係調整法、労働安全衛生法、最低賃金法によって労働者は保護されています。それでも、労働基準法をはじめこうした法律に違反する例は後を絶たず、行政の監督も目が届いていないのが現状です。近年話題の「ブラック企業」の存在や、最近では「ブラックバイト」の実態がそれをよく表わしています。

また、こうした法律とは別に、個々の会社ごとに働く上でのさまざまな決まりを、

「就業規則」として設けることになっています。会社は業種や経営方針などによって、働き方が異なるのは当然です。それを会社が細かく定めるのが就業規則で、出勤時間や休日、賃金、育児休暇や退職時の手続きなど、労働条件を文章にして表わし、労働者に示す必要があります。その際、労働基準法に決められたことに反することを定めることはできません。

働き方について決める方法には、このほか労働協約や労使協定という会社と労働者での間の取り決めがあります。会社によっては労働者が労働組合を組織しているところがあります。会社と労働組合の間での取り決めが、労働協約です。一方、労使協定は、労働組合のない会社でも、会社側と労働者側の代表が取り交わす協定です。

このように雇われるということは、基本的にはさまざまな法律や労使間の取り決めによって働く者の人権が守られると同時に、働き方が細かく定められるということがわかります。

これに加えて、取り決めによって具体的に働き方が決められているだけでなく、一般に会社員であれば会社の方針、上司の命令に従わなければならないのが雇われるということです。安定した報酬を得る一方で、会社の指揮・命令のもとに働かなければいけないのが雇われるということです。

自営業のなかのフリーランス

雇われるということの意味を分かってもらえたでしょうか。こうした雇われる働き方に対して、基本的にフリーランスは雇われない働き方であるとさきに述べました。雇われないという意味では、フリーランスは自営業者です。自営業とは、文字通り自分（個人）でラーメン屋、喫茶店、塗装業、電気修理など店や事業を経営している業態を指します。町に出てみれば、大手のチェーン店やフランチャイズのお店のほかにたくさんの個人商店が見られますが、これらはたいてい自営業です。

マッサージや整体などを個人でサービス業として行っている人や大工や建具屋などもたいてい自営業です。自営業者は個人事業主ともいいますが、自営業のなかには個人事業ではなく、事業が小さくても会社組織にして法人として経営されているところもあります。

自営業のボス（責任者）は自分で、仕事のやり方を決めるのも自分です。この点では、フリーランスの要素はあります。しかし、個人でのラーメン屋や喫茶店経営の場合、フリーランスのラーメン屋とか喫茶店とはいいません。フリーランスの仕事といった場合、特定の技量をもって、仕事単位や期間を定めて業務を請け負う、あるいは委託されると一般に認識されているからです。

では、税理士の資格をもって税理士（会計）事務所を経営したり、司法書士、行政書士の資格をもって事務所を経営する場合はどうでしょう。事業が大きくなれば会社組織にしているところもあるでしょう。こうなると、フリーランスとは言えません。

フリーランスの仕事は、同じような仕事でも雇われて行う人（社員やパートとしてなど）がいる一方で、その仕事を雇われないで行うというニュアンスがあります。したがって、税理士の資格をもっていても、事務所など開かず、税理士事務所や会計事務所との契約で、下請け的に特定の仕事だけを請け負うといった仕事をしていれば、フリーランスの働き方ということになるでしょう。

この場合、請負先の事務所は、たいていひとつではなくいくつかを掛け持ちすることになります。ただし、相手が一事務所であっても仕事を選んで、あるいは期間を区切って働く場合もあります。

技能をもって、仕事を請け負う

繰り返しになりますが、フリーランスという場合、まずなんらかの専門的な技術をもっていることが一般的です。そのうえで、会社などと契約して仕事単位で請け負ったり、業務を委託されたりという仕事の仕方をします。さらに仕事の報酬を受ける相手先は、同じではなくさまざまに変わります。

請負というのは、大工が家の建築を請け負うというように、ひとつの仕事を完成させることを契約によって引き受けるということです。したがって、約束通り完成させることができれば、その間、朝何時から働いて、昼の休憩は何時から何時までとするといったことは、引き受けた側の裁量に任されます。会社員のように働き方の細かい規定などありません。

同じように、あるお祭りの写真を撮ることを請け負った写真家は、どのような撮りかたをしてもかまわないので、契約した相手先から要望のあった写真を撮って提出することが求められます。このように細かな制約はなくて、仕事の成果に対して報酬が支払われます。

第三章で詳しく説明しますが、フリーランスには制約が少ない反面、保障もほとんどありません。一例を挙げれば、祭りの写真を撮っているときに、もし群衆とぶつかってケガをした場合、雇用されていれば労災保険というものが適用されて、治療費用の負担はありません。しかし、フリーランスであれば、自営業ですから、自分が加入している国民健康保険を病気やケガでの治療のときと同じように使うことになります。したがって自己負担があるのです。

偽装フリーランス

フリーランスの仕事の仕方は、「請負」や「業務委託」です。請負とは、民法で定められた請負契約として、ある仕事（家の建築など）を完成させ、これに対して報酬が支払われます。

業務委託（委任・準委任）は、仕事を完成させることは求められません。委託された一定の事務を処理することが必要であり、結果を出すことは義務ではありません。ただしこの際、誠実に事務を処理する義務があります。たとえば、委託されて毎月ある事業所の会計内容をチェックするような仕事です。

請負も委託も仕事を完成させる、あるいは任された仕事をこなすことだけが求められます。勤務の仕方などについては、契約先からあれこれ指示されたり、命令されたりすることはないはずです。逆に言えば、勤務形態や職務の遂行の仕方についてあれこれ指示・命令されたりするのは、雇用されることに相当します。

ところが現実には、社員と同じように指示・命令されているのに請負という形で仕事をしている例があります。これは偽装請負といって法律違反です。たとえば、ある企業がいままで契約社員として雇用していたAさんを、これ以上は雇用できなくなったので、契約切れになる直前に、「これからは業務委託か請負で仕事してもらえないだろうか」などと言って来るようなときは、たいてい問題があります。

というのは、これまでと業務内容がほとんど同じだけれど、形だけ委託や請負にするということだからです。勤務の仕方も同じなら、会社の指揮・命令下にあるのも同じなのに、雇用関係ではなくなるわけです。

なぜ、このようなことをこの企業は提案するかというと、雇用の場合ははるかにコストがかかるからです。労働保険に加入しなければならないし、医療保険や年金についても、会社が半分負担しなければならないからです。このほか、労働基準法などにもとづいて労働者の権利を保護し、休日や有給休暇も与えなければいけません。それゆえ偽装請負は、企業がいいところだけをとってしまおうという方法と言えます。

偽装ですから、気をつける必要があります。フリーランスは、雇用されること（とくに正社員で）に比べれば不安定であるのは否めません。だからこそ、自分のペースで、時には好みに応じて仕事をする自由度が、ある程度確保されていなければフリーランスである意味がありません。形だけフリーランスで働かなければならないことは、ただ労働条件が厳しくなることと同じなのです。

雇用はされているが……

偽装請負のような働き方とは反対に、雇用はされているけれどその仕事の仕方やライフスタイルはフリーランスと似ているという例があります。たとえば医師のなかで、病院に必要に応じて短期間雇われる人がいます。開業しているわけではありませんが、特定の病院組織に属さず、できるだけ自由に働きたいとか、他に目的があって拘束される時間を少なくしたいという目的で、こうした働き方をする人です。同じように看護師のなかにも、フリーランス的に資格と技術を武器に、一つの病院に長く属さず移っていく人がいます。

大学の非常勤講師のなかには、あえていくつかの大学をかけもちして教えることにしている人がいます。この場合は非常勤としてアルバイトのように雇われてはいますが、拘束力は小さく、フリーランスと同じです。

このように、フリーランスが意味するものを広く解釈すれば、個人事業を営んでいる人もその範囲に入ってきますし、雇用されてはいても、フリーランス的である人もいます。本書では、このようにその概念を広くとらえて考察することにします。

第二章　「フリー」の意味するものは――「自由」から考える

物事には常に両面があります。良い面があれば悪い面もあります。長所はときに短所になり、自慢すべきところは弱点でもあります。年寄りじみた講釈のように聞こえるかもしれませんが、その通り、歳とともにますますそう実感することが多いのです。

たとえば、環境のいい田舎に暮らしていれば、都会に出るのが大変だというのは当たり前です。飛行機の座席でトイレに近いところは便利ですが、人が頻繁に通るので落ち着かないし、匂いも気になるかも。美人はちやほやされて得かもしれないけれど、甘やかされて実力が伸びないこともある。お掃除ロボットは便利だけど、電気代はかかるし掃除が苦手になる。

たいていのものは、こんなふうに良し悪しの両面がある、言い換えれば絶対的にいいことなどない、ということです。それを確信したのは、急な雨に襲われたときでした。雑貨屋で傘を買おうと思ったら、男性用の傘は柄の長さが長いものと少し短いものの二種類あり、値段は同じだったので、「同じ値段なら長い方がいいですよね」と、店の人に話しました。

するとその人は「でも、風が強いと長い方が抵抗が強くなりますから」、と言うではないですか。なるほど、ここにも〝両面の真理〟があるのかと、そのときはしみじみ思ったものです。前置きが長くなりましたが、何を言いたいかといえば、フリーランスであることと会社員など雇われて働くこと、ともにメリット、デメリットがあるということです。

この章では、フリーランスであることのさまざまな面を整理して、「自由とは何か」など、そのエッセンスを探ってみましょう。

自分のボスは自分

フリーという言葉がつくように、フリーランスのエッセンスの一つは「自由」です。自由の反対が「不自由」、言い換えれば「拘束」ともいえます。会社員でいればさまざまな面で、規則や命令といった拘束を受けます。就業時間、休暇など前章で紹介した「就業規則」にはそれが細かく記されています。

そこに書かれていなくても、職種によっては服装から髪型、言葉遣いといった身の回りのことから、勤務（地）との関係から住む場所などプライベートなことまで制約されることがあります。上司の誘いや部署内のつきあいでカラオケやゴルフに仕方なく行くのはその例です。

これに対してフリーランスは、自分で決定できる範囲が広く、自分の裁量に任されていることが多いといえます。極端な話をすると、仕事がうまくいけば、何時に起きようが、寝ようが、昼ご飯をいつ食べようが自由です。天気のいい日に屋外でランチを食べながら、ビールを飲むことも許されます。

どんな格好をしようが、髪を茶色にしようが、基本的に自由です。彼女（彼氏）とのデートがどうしても大事だと思ったら、それに合わせて仕事を調整することもできます。どこに住もうが誰の指図も受けません。自分のことを決めるのは自分、「自分のボス（上司）は自分だ」ということです。

常々私は、この言葉はフリーランスであることの真髄を表すと思っていたところ、最近偶然この言葉に出合いました。ヴィクトリア・ウォーショースキーという魅力的な女性探偵が主人公のハードボイルド小説のなかでのことです。人情に厚く感情の起伏が激しい行動派の彼女は、弁護士の資格をもつ知的な探偵でもあります。

私立探偵になった第一の理由について彼女は言います。「…自分自身のボスでいられるし」(『バーニング・シーズン』サラ・パレツキー著、山本やよい訳より)。個人の私立探偵はまさにフリーランスそのものですから、なるほどとうなずきました。

もちろん、フリーで仕事をしているその内容によって、仕事上の取引先との関係で配慮や制約はあるでしょう。契約している相手の商品を購入したり、請負先の急な依頼で短期間に仕上げなければいけないため休みがほとんどなくなる、といった状況が生じることもあるでしょう。

また、自由過ぎて仕事に支障をきたし、収入が少なくなれば、生活が不自由になるということもあります。それでも、どんな場合も最終的に決める権利は自分にあります。そのための利益/不利益を自分が得ることを覚悟しておけばいいわけです。

こう考えると、フリーランスの「自由」とは、仕事をする際に自由なスタイルで何でもできるということではなく、どうするかを決める権限が基本的に自分にある、という意味での自由が基軸になるのではないでしょうか。

自由と表裏一体の不安・孤独――フロムの考察

音楽業界などは、契約や臨時雇用を多用している会社が多く、また業界内での転職が多く、いくつもの会社を渡り歩く人が目立ちます。このときタイミングよく契約の切れたA社から新たに雇用契約を結ぶB社へ移ることができればいいのですが、間が空いてしまうこともあります。

こうした状態になったある若者の話をしましょう。音楽業界はフリーランスの人もかなりいるので、彼もまた、そういう選択もあると思い（実際に請負で仕事をしないかという誘いもあった）、しばらくその方法を模索していたところ二、三週間すると、しても不安になってきました。結局「やはり、一刻も早く就職しよう」と、フリーの道はやめて就職先を探しはじめました。

仕事をやめて自由になったときは、組織の束縛から離れて「自分で決めてやるのも悪くない」と、思ったそうですが、フリーランスでの仕事の可能性が見えてきた一方で、なにものにも縛られないで自宅でひとりでいることに、なんとなく不安と居心地の悪さを感じたというのも事実のようです。もちろん、フリーでやっていけるのかどうかという不安もありました。

自由には、表裏一体の一面として不安や孤独がついているようです。この若者も、できれば自由に仕事をすることに漠然とした憧《あこが》れはありました。しかし、いったんその可能性が見えてきた段階で、同時に不安と孤独が訪れたのです。

精神分析学の知見から社会をとらえた有名なドイツ人学者、エーリヒ・フロムの古典的な名著に『自由からの逃走』があります。本来自由を求めてきたはずの人間が、自由を捨てるような動きにどうして加担していくのかを、考えさせられる本です。フロムは、ナチスドイツが、人々の支持によってファシズム（全体主義）を形成していく過程から、自由を阻害するファシズムをなぜ人々は支持するような動きをしたのかを、社会的人間の心理から考察します。

ヨーロッパ社会では封建社会から解き放たれて、人々は自由を求めることができるようになりました。しかし、すべての人がその自由を享受できるわけではなく、集団から離れて、自由であることの不安や孤独を抱えた人たちもいました。また、恐慌による社会的な不安や無力感もあり、こうした心理が全体主義的な権威を求めていきました。

経済、社会的な状況が背景にありますが、自由が孤独や不安と表裏一体だという点に、考えさせられるところがあります。

決めてほしい、拘束してほしい——不安の原因

自分のボスは自分だから、自分で何でも決められるということは、逆にいえば自分ですべて決めなくてはいけないということでもあります。世の中には毎日大なり小なり、決めなくてはならないことが山ほどあります。「今日は、傘を持っていこうかどうしようか」といった些細《ささい》な決断もそうですし、「会社を辞めようかどうしようか」といった

重大な選択もあるでしょう。

私もことあるごとに、すぐに決められなくて困ることがあります。いっそのこと誰《だれ》かに決めてほしい、と投げ出したくなることすらありました。こうなると自由であることが苦痛になっているのかもしれません。最近、小学校の先生に聞いた話ですが、入学したばかりの子供のなかで、自由に遊べない子供がいるそうです。広場にみんなで行って「さあ、好きに遊んでいいよ」と先生が言うと、「どうやって遊んだらいいの？」と、戸惑うそうなのです。

自由と聞けば、誰もが欲するもののように思われますが、誰もが自由をうまくマネージメントできるわけでは決してなく、結局、自由を欲していたこと自体よかったのかどうかわからなくなることもあるようです。

また、自由であることは、組織や集団からの束縛がなくなり、そこから離れ孤立していくことにもなります。具体的にみれば会社という組織（集団）に所属していれば、まわりに仲間はいるし、相談などコミュニケーションもできます。社員旅行をはじめ運動会がある会社もあり、仲間意識は高まります。

しかし、たとえば自宅をオフィスにしてひとりで仕事をしていると、必要なこと以外は長時間、誰とも話をしないことがあります。なんとなく淋《さび》しくもあり孤独にもなります。いつも職場の人の輪のなかで、ワイワイガヤガヤやっているのに慣れている人はなおさらでしょう。

こんな歌があったのを思い出します。一九七〇年代のフォークソングブームのなかで、若者の心を率直に言葉に乗せて歌った吉田《よしだ》拓郎《たくろう》の初期の作品に「どうしてこんなに悲しいんだろう」という歌があります。そのなかの一節にこういう歌詞があります。

「これが自由というものかしら　自由になると　淋しいのかい　やっと一人になれたからって　涙が出たんじゃ困るのサ　やっぱり僕は人にもまれて　皆の中で　生きるのサ」

ひとりになって自由と思えば、そこには淋しさがついてくるということでしょう。自由と淋しさは表裏一体なのです。

フリーランスのひとつの敵は、〝孤独〟なのかもしれません。だから、孤独感や孤立感から逃れるために、自ら仲間をつくろうとする人たちもいます。先に紹介した『フリーエージェント社会の到来』のなかでも、そうした例が出てきます。アメリカのフリーエージェント（フリーランス）の世界では、多くのフリーランスが同業の仲間らと団体などをつくり、孤立・孤独から逃れています。

こうした団体のなかでのつながりは、会社組織のなかの縦のつながりではなく、平等な関係の横のつながりなので、団体のなかでの上下関係や拘束感といったストレスなどはなく、所属することが有効なようです。

自分のことは自分で

自由であることは不安をかき立てると同時に自立を促します。会社にいれば会社がしてくれたことを、フリーランスという自由な世界では、基本的にすべて自分で処理をしなくてはいけないからです。

仕事に関しては、会社では分業されている営業や総務や経理などを、規模は小さいですがすべて自分で担当します。なかでも収入を税務署に申告するための確定申告（第四章参照）については、事務処理が苦手だろうがなんだろうが、やらなくてはいけません。かなり面倒ですが、確定申告をする過程で、所得税をはじめ住民税や消費税など税一般について、そして、医療保険や公的年金などの社会保障について、さらに扶養の問題や住宅ローンと税との関係など、生活していく上での経済についての知識がつき、社会の諸制度に対する目を養うことにもなります。

払いすぎていた所得税の還付の仕組みを知らずに、そのまま放置しておけば、自分が損をするだけです。納税すべきものを見落として未納であれば、指摘されることはありますが、自らの不利益になることは、尋ねない限り「こうしないと損しますよ」と、親切に税務署が教えてくれることはありません。

これは税務署に限ったことではなく、一般に義務については外部から指摘されることがあり、かつあれこれと気を遣わなければなりません。一方、権利は自ら行使しないと誰かが親切に後押ししてくれることはあまりありません。会社員の場合は、税金に関わる「年末調整」の処理のように、会社が税や社会保障に関する事務手続きを代行してくれることがあります。権利を代わりに行使してくれるわけです。でも、フリーランスは自分で処理しなければいけません。

これは面倒ですが、面倒なことを処理することで培う社会的な力があります。筋トレと同じようなもので、「社会的な筋肉」がつくといってもいいでしょう。

経済的な不安にどう向き合うか

最初からフリーランスではなく、雇われる仕事をしてからフリーランスになる人が多いはずです。この場合、やはり収入面での不安を感じるでしょう。それは、金額の問題もあるでしょうが、やはり不安定であることへの不安が大きいのではないでしょうか。これもまた自由の代償かもしれません。

会社員がもらう「給与」というのは一定であり、一定であれば、住宅ローンなどを組む際に計画も立てやすくなります。安定しているということは計画性が高まるということです。逆に不安定であれば、計画は立てにくくなります。しかし、このことはかならずしもフリーが計画性はなく、その場しのぎになりやすいということではありません。

この事実にどう向き合うかという姿勢で変わります。というのは、自営業やフリーランスの場合、おおまかにいって会社員と同じレベルの収入（売り上げではなく所得）があっても、たとえば住宅ローンの審査では厳しく判断されます。ということは、自分の収入に対して非常に、厳しく見なくてはいけません。いざというときのためでもありますが、手堅く家計を見る必要があります。

会社員もリストラや会社の倒産などのリスクはありますが、正社員として勤続中であれば、そうした危険はほとんど考慮されないのではないでしょうか。あらかじめ危険への対応（リスクヘッジ）をしていないということです。これに対してフリーランスや自営業ではリスクヘッジをする必要に迫られています。

また、ローンについて厳しく見るということは、現金を信頼することになります。そこを重要視すれば、貯蓄の大切さを認識し、また資産の効果的な運用についても考えることになります。自由であることは、不安定であるがゆえに、それを正しく理解すれば具体的に対処しようとする知恵と力を養うことにもなります。この点でも〝両面の真理〟があるといっていいでしょう。

お金と交渉

収入が不安定であることに加えて、フリーランスは個人事業なので、自分で営業をしなくてはいけません。つまり、契約先や取引先（クライアント）とお金の交渉をする必要があります。

デザイン料にしろ原稿料にしろ、仕事で「いくらくれますか」、「報酬はどのくらいになりますか」など、請け負った仕事に対してその金額を尋ねたり、「それでは、ちょっと困ります。もう少しなんとかなりませんでしょうか」と、交渉したりするのは骨の折れることです。苦手な人は多いでしょう。

建築関係など工事や作業を請け負う仕事では、材料費や手間賃がおよそわかるので、見積書をあらかじめ提出したり、事前に発注元から金額を提示してもらったりするなどして決めるので、比較的「ビジネスライク」に金額の話をすることができます。しかし、デザインや撮影、原稿などの仕事は、事情はさまざまで基準はありません。

通訳の仕事のように、エージェント（代理機関）を介して仕事を受けるときは金銭交渉の必要はありませんが、直接仕事を受ける場合は、その都度決める必要が生じます。たいていの場合、発注元の方が力が上ですから、仕事が来たときにお金の話がしづらくて、報酬額を決めないで「わかりました、やりましょう」と言ってしまうこともあります。

原稿料をめぐっては、私も苦い経験があります。三〇代のころ、ある雑誌で原稿を書かないかといわれて原稿料について尋ねたとき「原稿料のことなんかいうと、仕事がなくなるよ」と言われたことがあります。力関係とはいえ、ずいぶんと高飛車だなと思いました。企業は当然のことながら、お金のことにとても神経質です。それは、公共性の高い新聞社でも放送局でも同じです。企業の社員もお金の話をするときは、企業の意思を伝える立場として厳しい対応をします。一方、個人で仕事をしている人は、なぜかお金の話がしにくくて、結果として右記のようなことが生ずるのかもしれません。

組織と個人

会社員の場合は「うちの会社も近頃厳しくて、上《うえ》がどうしてもこういう方針なのですみませんが……」などと、説明することがあります。自分が実際決めていることでも「会社が」というのは便利な言い方で、責任や決定権の所在が別のところにあるから仕方がないという便法です。

私も会社員の経験があるのでわかりますが、お金の説明に限らず、会社員である（組織の一員である）ということは便利なもので、本当はプライベートなことが原因でも「会社（仕事）が……」と言えば、外に対してまた家庭でも認めてもらえるだろう、という考えがありはしないでしょうか。

さらにいえば、欧米に比べれば、明らかに日本は組織（集団）に帰属していることが意味を持つ社会であるため、個人的な行為（家庭や娯楽）より、仕事がとくに重んじられます。「会社が」、「仕事が」といえば、「言い訳」になりやすいのです。

お金の話にもどれば、フリーランスは自分ひとりであり、誰の命令もないので誰かほかの人のせいや組織の都合にすることはできません。その分、言い出しにくいのは事実です。その対策として、ひとりで仕事をしていても、会社を取引や受注の窓口としている人はいます。いまは、株式会社をつくるのにそれほど手間もお金もかかりません。会社を作って自分が社長になり、会社から給与を受け取る仕組みもできます。法律的には雇われていることになりますが、実際はフリーランスにきわめて近い形です。

会社組織にすることで、建前ではありますが「会社の方針」として仕事の決まりなどをつくることができます。お金の問題をはじめ場面に応じて「会社としては……」などということができます。仕事をする相手に説明しやすいのは事実です。

もうひとつ、フリーランスの人にとってお金の話がしにくい理由があります。フリーランスのなかには、少なからず「自分はお金や安定よりもやりたいことを優先してこの道を選んだ」と、思っている人がいます。もちろんたいていは、お金はほしいし安定した生活も欲しています。しかし、自分の心のどこかに「お金が第一ではない」という思いがあるのを自覚しているので、お金のことに厳しくなることになにか居心地の悪さを感じてしまうことがあるようです。

すべて自分で切り盛りしなくてはならないとき、フリーランスは、個人事業主（ビジネスの担い手）としての自分と、仕事人（職人やアーティストなど）としての自分という二つの面を、うまく使い分けなくてはならないところに悩ましさはあります。

公私の区別は可能？

フリーランスでは、自宅と仕事場を兼ねている人がいます。この場合、仕事とプライベートな空間の区別があまりありません。独立した仕事部屋があっても、リビングに行けばとたんに私的（家庭的な）空間です。

このことで、仕事に集中できないという人もいます。また、時間も自由に自分で管理できるということは、仕事の最中に突然、私的に気になったこと（買い物や趣味のこと）が頭に浮かんだときに、そちらに気持ちを移してしまうことがあります。こういう柔軟なところがいいともいえますが、まずいと思っても誘惑に負けてしまうこともあります。

また、仕事をしているときに、これは自分の趣味とも関係するからもう少し深く調べてみようと、仕事と趣味を一緒にすることもできます。仕事先に家族を一緒に連れて行ってもかまいません。もともと好きなこと、関心のあることを仕事にしている、あるいは関係づけているので、その意味ではそもそも仕事と私的なことの区別があいまいでもあります。

公私を混同しても、取引先や契約している相手に迷惑をかけたりしなければ問題はありません。ただ、仕事の質がそれによって落ちるようであれば、その結果は自分に返ってきます。わかりやすくも厳しい世界であるのも確かです。以上のように、公私の別はあるようでなく、交錯しているといっていいでしょう。

第三章　フリーランスの仕事いろいろ――「内容」から考える

名乗るのは自由

一般に理解されている「フリーランス」が意味するものは、単純な自営ではなく、特定の技術をもって、仕事単位で請け負ったり、業務を委託され、それに対して報酬を受けたりする仕事の形態です。その基本は、「雇われない働き方」「基本的に独立している」ということです。言い方を換えれば、こうした条件に合う働き方（仕事）をするのなら〝フリー〟の肩書きを名乗るのは自由です。

したがって、技術をもって、雇われないで基本的に独立していれば、さまざまなフリーランスの仕事があると考えられます。

たとえば、フリーで書くことを仕事にする人の肩書きは、ライター、フリーライター、あるいはフリーランスライターなどのほかに、フリージャーナリスト、ジャーナリスト、ルポライター、著述業など人によってさまざまです。

ジャーナリストはおもに時事的な問題について記事やコラムなどを書く人で、ルポライターは現場に赴き、ルポルタージュ（ルポ）を書くことをメインにしている人と考えられます。ノンフィクションライターは、事実にもとづいて物語の形をとって記事を構成して書く人です。このほか、専門ジャンルが決まっている人は、音楽ライターとか芸能ライター、経済ジャーナリストなど、さまざまな肩書きを名乗っています。

専門ジャンルに特化したライターは別ですが、一般に、ジャーナリストとルポライターとフリーライターがどの程度違うのかというと、人によっては名乗る名称（肩書き）はちがっても、仕事の内容はあまり変わらない場合があります。別に資格が必要なわけではないので、こうした肩書きは本人が名乗ればそれで決まりです。

何か書くことが好きで「よし、あすからライターとして仕事をしよう」と思ったら、たとえば「フリーランスライター」と肩書きのある名刺をつくれば、あなたはそのときからライターになれます。しかし、名乗らなくても文章を書くことがもともと得意な人がいます。そういう人から見ると、「ライター」と名乗っている人より自分の方が上手だなと感じることもあるでしょう。逆にいえば、名乗らなくてもその仕事をすることができます。となると実際のプロとアマの壁が低いともいえます。

これが国際ジャーナリスト、と名乗るにはやはりそれなりの専門知識が必要なので、アマチュアが急に入り込むのはむずかしくなります。

私は、二〇代の終わりに日本の新聞社をやめて、アメリカのフロリダ州の地方紙でオブザーバーとして一年間滞在したことがあります。このとき「フリーランスライター」という名刺をつくってもっていきましたが、あるとき親しいアメリカ人記者に「アメリカにはたくさんフリーランスがいるから、こういう肩書きは変えた方がいい」と言われました。それほど自由に名乗って仕事をしている人がいるということでしょう。

仕事の実績が増えると、肩書きが変わることがあります。ライターから国際ジャーナリストに変わったり、作家に変わったりすることもあるでしょう。作家は雇われることはまずないので、独立したフリーランスですが、とくに「フリー作家」などとはいいません。また、イラストレーターとか作詞家とか、翻訳家、通訳などは、あえてフリーとつけなくても通じます。

仕事と名称

フリーランスとして成り立っている職種をみると、その多くは、雇用される形で働いている人もいる職種のようです。したがって「フリー○○」と名乗る仕事は、そもそもフリーではない、雇われる仕事としての○○があるのに対して、「雇われないで自営業的にできる○○です」という意味があります。たとえば、英語では社員としての記者はスタッフ・ライターなどといいますが、これに対してフリーランスライターは独立していることがわかります。

なかには、ほとんどがフリーランスで成り立っているという職種もあります。つまり社員などとして雇用されるのになじまない職種といえます。この場合は、フリーとあえてつけていない人もいます。いずれにしても、どんなフリーランスの仕事でも、自分が、フリーランスの立場でその仕事をする人間だと強調するのであれば、「フリー○○」と名乗ればいいわけです。ただしフリーランスであってもなくても、肩書きが資格と関連している場合は別です。

仕事、職種のなかで、その名称が資格の有無と関連していることがあります。たとえば、福祉の資格のなかにある社会福祉士や介護福祉士のような資格は「名称独占」といって、その資格をもっている人だけがその「名称」を用いることができるという法的なきまりがあります。また、「業務独占」という言葉があり、これは医師や弁護士のように名称を名乗るだけでなく、その資格をもっている人だけしかその「業務」ができないというきまりを意味します。

最初に紹介した、ドラマの大門未知子《だいもんみちこ》はフリーランスの医師です。彼女は医師という資格に裏打ちされて医師と名乗ることができ、かつ、ふつうの医師ではなくフリーランスであることを示しています。

ここからは、どんなフリーランスの仕事、あるいはフリーランス的な仕事があるかを具体的にみていきましょう。

＊ライター、カメラマンなど

まず、記事などを書くライターの仕事をみてみましょう。書くことの仕事には、古くは作家、評論家といった文筆業があります。彼らは独立した自営業者です。のちにマスメディアが増えてくると、新聞や雑誌の記者も増えてきますが、彼らは会社に雇われた人たちです。

さらにフリーペーパー（無料の新聞など）や広告などのメディアが増えると、社員以外でも、仕事に応じて記事などを執筆するライターが登場してきます。それが組織に属していない立場であることから、それまでの記者（ライター）に対して、フリーあるいはフリーランスという言葉を頭につけて、フリーライター、フリーランスライターと呼ばれてきました。フリーランスという言葉がついた最初の職種のひとつでしょう。

新聞、雑誌、フリーペーパー、書籍、広告など言葉による情報は、何かを伝えるためにもっとも一般的なものです。紙媒体にしろインターネット上にしろ、人が読むことのできるまとまった形にするために、誰《だれ》かが何かを取材して書いたり、編集してまとめたりという作業が日々いたるところで繰り返されています。

このなかで新聞記者という仕事は、日本ではほとんどすべてその会社に雇用される社員で成り立っています。全国紙をはじめブロック紙、地方紙もその新聞社が雇う正社員が記者になります。したがって、定期的に原稿を寄稿することはあってもフリーで新聞記者をすることはまずありません。

これに対して雑誌記者は、正社員であったり契約社員であったり、あるいはフリーランスの記者だったりします。フリーランスの場合は、記事ごとに取材、執筆をしてその都度報酬を得ます。また年間契約で仕事を請け負うことや、契約社員となって特定の雑誌の専属となって記事を提供することもあります。

無料の生活情報誌（紙）なども、フリーランスが活躍する場です。記事単位で報酬を受け取ったり、一定期間の契約で仕事を請け負ったりします。個々の記事に支払われる額は、媒体によってもさまざまですが、一般の記事では相当な数をこなさないと、生活するのがむずかしいでしょう。

書籍でも、フリーランスが執筆に関わることがあります。著者となって自分の本を出版することをはじめ、あるテーマ（たとえば、「女子学生の就活の実態」など）で、一冊の本を複数のライターによって書き上げることもあります。短時間で多くの取材をもとに作り上げる場合は、こうした方法をとります。この場合は、記事を出版社が買い取る方法と出版印税として支払われる場合があります。

私も以前、編集兼ライターとして、「介護の仕事」などいくつかの本をまとめたことがあります。その際、知り合いのフリーライター何人かに声をかけて、一斉に取材してできあがった原稿をまとめました。本作りは闘いといっては大げさですが、こうした作業はまさに、フリーランスの語源である「中世の傭兵《ようへい》」が、一つの闘いに応じて雇われ仕事をするのと似ています。

このように、ライターはさまざまな媒体を相手に、時と場合によって組み合わせながら仕事にしていくことになります。さらに、ライターという書く仕事だけでは生計を立てるのがむずかしいために、関連する別の仕事をしている人もたくさんいます。

カメラの仕事も同じで、出版社や新聞社に社員として雇用されている場合のほかに、フリーランスとして雑誌や広告などの仕事をする方法があります。ライターの場合はフリーランスあるいはフリーという言葉を頭につけて、肩書きとすることが多いですが、写真撮影の仕事をフリーランスでする人は、さまざまです。

ジャーナリスティックな問題をテーマとしている人は、フォトジャーナリストと名乗っています。このほか、さまざまな写真を撮っていて、カメラマン、あるいはフリーカメラマンと名乗る人もいます。作品性にこだわってテーマ性のある特定の写真を得意としている人のなかには、フォトグラファー、写真家という肩書きをもつ人もいます。

＊編集者

雑誌やフリーペーパー、あるいは書籍といった出版物の編集をする仕事は、出版社などに雇用されている場合がほとんどです。とくに大手の出版社は社員が編集者となり、必要に応じて外部からフリーランスの手を借りることがあります。

フリーランスの編集者は、出版社から編集業務を定期的に委託されたり、一冊の本を完成させることを請け負って、その報酬を得ます。仕事の内容としては会社員であってもフリーであってもほとんど変わりません。

書籍編集の場合なら企画の段階から関わる、あるいは企画自体を会社に持ち込んで、著者との折衝や原稿の進捗《しんちょく》の管理、原稿整理などの編集から出版までを担当します。得意分野をもち、また経験を積んで著者（作家）との個人的な信頼関係を得ることで、独自の企画を立ち上げて、内容に応じて出版社を選び、本作りができるようになればベテランです。

★ジャーナリスト　Hさんの仕事

アメリカの政治、経済に詳しいジャーナリストのHさんは、アメリカの大学院を卒業しワシントンDCで情報調査会社などに勤めたのちフリーランスのジャーナリストとしてスタートを切りました。「組織に馴染《なじ》まない」というのが、独立した一番の理由です。

大学院では国際政治を学び、英語力とワシントンにいるという地の利も生かして、日本の雑誌などにアメリカ情勢についての記事を送ってきました。大統領選を一貫して追い続けてきたことやアメリカ国内を取材してまわる取材力、機動力をもっているフリーランスのジャーナリストはそれほど多くはなく、日本のメディアから評価されてきました。

最初のうちは、原稿を書くほかに通訳や翻訳の仕事もしたりしてきました。ほぼ毎年日本に帰国し、日本のメディアとの関係を保ち、また、在米の日本の新聞記者との交流を保つことで、ネットワークを構築していきました。その一方で、ジャーナリストとしてホワイトハウスに出入りし、アメリカ人ジャーナリストはもとより、各国の特派員ともつながりをつくりました。

日本では記者クラブ制度があることなどで、大手メディア以外では公的な機関へのアクセスがしにくいですが、アメリカはフリーランスや外国人に対して非常にオープンであることも、日本の特派員とほとんど変わりない取材活動を可能にしました。アメリカのワシントンDCという首都で、語学力と取材力を生かし、特異な存在として活動してきたのがHさんです。

現在は東京に拠点を移して、日本外国特派員協会に所属して、国際政治・経済を中心にメディアに執筆しています。

＊通訳

通訳の世界では、企業に所属して（雇われて）その会社のために仕事をする場合もあります。しかし、通訳だけの仕事で雇われ続けるのは長続きしないようです。多くは、フリーランスとしてエージェント（斡旋《あっせん》業務を行う会社）を通して仕事をしています。複数のエージェントに登録をしておくことで、仕事を定期的に得られるようにして、その際に仕事の条件を決めておきます。

エージェントを通さないで、直接頼まれる仕事もありますが、このことが登録してあるエージェントにわかると、そちらの仕事の条件が不利になったり仕事が来なくなったりすることがあり、長い目で見るとエージェントを通しての方が安定しています。

個人でエージェントをつくり、自ら通訳をしてかつ人材を手配して斡旋するという形をとっている人もいます。これは野球で言えば、「プレーイング・マネージャー」であり、選手と監督の両方を兼ねるようなことになるため、職人的な集中力を必要とする通訳の仕事では難しいようです。自らエージェントを起こした人は、マネージメントすることに専念していく方が効率的です。

仕事の内容は、政府間の交渉といった公的な仕事をはじめ、テレビの国際ニュースなど放送関係、このほか国際会議やビジネス上の取引に関わるもの、また海外の芸術、芸能関係のものなどがあります。一般に英語の世界では、通訳と翻訳の仕事に分かれていますが、その他の言語では、需要が少ないこともあり、通訳と翻訳の仕事は兼業されていることが多いようです。

★通訳　Sさんの仕事

テレビや国際会議などで長年通訳の仕事をしているSさんは、フリーランスとして自宅をオフィスにして東京を中心に活躍しています。Sさんは大学で外国語を専攻して民間のシンクタンク（研究機関）に就職します。しかし、仕事と本来自分のやりたいこととのずれを感じ、また古い企業体質にも失望し、カナダの大学に留学します。

英語を勉強したのちに大学院へ進み修士号を取得、帰国後は、翻訳・通訳を専門とする大手の会社に就職します。ここで約五年間、優れた外国語のプロフェッショナルのスタッフとともに翻訳の仕事に従事、さらに英語の専門性をもっと高めようと思っているところに、ロンドンを拠点にして働かないかという話が来ました。イギリスのBBC放送がつくる日本向けニュース番組で、放送の同時通訳をする仕事です。ここでは雇用契約を結んで雇われました。

新たな挑戦としてイギリスに渡ったSさんは、四年間ロンドンに滞在してこの仕事をこなし、帰国したのちはフリーランスとして活躍しています。フリーランスとしての通訳についてSさんは、「通訳の仕事はいうなれば一発勝負です。間違ったら大変だという緊張感はありますが、後を引かない潔さがあります。また、個人的には経験できない舞台や場面に立ち会うという貴重な経験ができるところがおもしろいです」と、話しています。

＊アート、デザイン

美術、音楽、映像、芸能関係の仕事は、さまざまなフリーランスが関わって成り立っています。美術の世界では、まずよく知られているのがイラストレーターです。雑誌やカタログなどの印刷物をはじめ、ウェブ上の媒体に使われるイラストを書く仕事です。

広告代理店やデザイン事務所に勤務してこの仕事をするほか、独立してフリーランスとして、出版社などから仕事を請け負って報酬を得ます。イラストといっても人によって作風はさまざまですから、独自の作風が評価されて「ほのぼのとしたイラストなら○○さんだね」と、言われるようになると仕事はまわってきます。

グラフィック・デザイナーは、新聞・雑誌やパンフレットなどの印刷物のデザインやパッケージのデザインをする仕事です。伝えたいイメージに合わせて、どのような図案（イラスト）や色を使って、どうレイアウトするかを創案します。主としてコンピュータを使う場合は、コンピュータ・グラフィック（CG）デザイナーといわれます。広告代理店、デザイン事務所、出版社などに勤めるほか、経験を積んでフリーランスになる人もいます。

新聞、雑誌やカタログなどの出版物やウェブ・マガジンの紙面（誌面）のデザインをするのは、エディトリアル・デザイナーです。編集者の意向をくんで、どのようなレイアウトや色遣いをするか、本のなかで写真やイラストをどう配置するかなど、紙面（誌面）の見せ方をデザインします。

記事の内容を、どうアピールするかといった見極めが必要な仕事でもあり、幅広い知識と紙面製作をする専門のソフトやコンピュータについての理解が必要です。企業に雇われている場合もありますが、フリーで出版社から請け負って、本作りや雑誌誌面などをつくります。

本の表紙のデザインをする装丁家（ブックデザイナー）でも、フリーランスがいます。デザイン事務所や編集プロダクションなどに勤めて、出版社からの仕事を請け負いますが、フリーとして独立することもあります。

★デザイナー　Gさんの仕事

デザイナーのGさんは、ウェブサイトのデザイン・構築、スマートフォン向けサイトのデザイン・構築、グラフィックス、そして、キオスク端末のインターフェイスデザインなどを主な仕事にしています。広くいえばデザイナーですが、細かく見れば、ウェブデザイナー、あるいはアートディレクターと呼ばれることがあります。

デザインの専門学校を卒業し、約一〇年間はウェブ制作系の制作会社で会社員として働いていたGさんですが、組織のなかでの活動に息苦しさを感じ独立、その後は現在まで九年間フリーランスとして活動しています。仕事は主に、以前の勤め先から受けたり、直接企業や広告代理店から受けたりとさまざまですが、やはり、今までの実績やつながりで仕事をすることが多くなっています。今後は、自主的に営業活動をすることも必要と考えています。

フリーランスになってよかった、とGさんが実感するのは、自分のペースで仕事をすることができることです。また、組織にいると、ときに内部のむずかしい人間関係に関わらざるを得ないところがあり、それがないことにも満足しています。収入面では、自分が働いた分、成果を出した分がそのまま収入に繋《つな》がるところです。

もちろん、大変だと感じるところもいくつかあります。第一に収入が安定しないところです。また、ひとりで活動していると、取引先や仕事の幅が広がりにくくなります。生活面では、自分のペースで仕事ができる反面、生活リズムが不規則になりがちだということです。もうひとつ、住宅ローンを組む際に会社員に比べて条件が厳しいなど、社会的立場が弱いと感じることがあります。

Gさんは、これまでの経験から、いまの若いデザイナーに向けてこうアドバイスをします。

「デザインのような技術職の場合は、技術さえあれば気楽にフリーランスをはじめたり、転職をしたりしていいと思います。独立の目的や仕事のイメージが明確ならば、長く続けられるし、逆に「なんとなく会社が嫌だ」などぼんやりした形ではじめる人は、すぐ会社に戻ると思います。いずれにしても、環境を変えることで技術を磨きやすくなるので、独立してキャリアアップを目指してほしいですね」

＊多種な仕事の音楽業界

音楽の世界は、たとえばライブステージを見てもわかるように、ひとつのイベントを立ち上げて実行に移されるまでには、実に多種類の技能が集約されています。分業化されているともいえます。全体を監理するプロデューサーがいるほか、ステージ上にはもちろん主役がいて、主役をサポートする、そのライブのためだけのミュージシャンがいることがあります。

ステージをセットするには、それが大仕掛けならば、舞台美術が必要な場合があり、そこで舞台美術家が参加します。また、ステージで使う楽器の搬入・搬出やチューニング、管理をする仕事として、ローディーと呼ばれる仕事があります。楽器に対する見識が必要で、ここでは多くのフリーランスが活躍しています。

ライブやコンサートがはじまれば、音響についてもっとも効果的でいい音を現場で聴きながら機器を操作、調整する担当者が必要です。それがPAミキサーあるいは単にPAと呼ばれる人です。バンドに直接雇われたり、その会場専属のPAもいますが、ライブやコンサートに応じてフリーランスとして仕事を受ける人もいます。

レコーディングの際には、レコーディング・プロデューサーが指揮をとりますが、これはたいていレコード会社の人です。その指示のもとで、求められる音響、音質に配慮して音響機器を操作するのがレコーディング・エンジニア（レコーディング・ミキサー）です。レコード会社や音楽スタジオに勤めて経験を積んだのち、フリーランスとなって仕事を受けることができます。

CDを作る際に最終的な音の調整をするのがマスタリングですが、これを担当するマスタリング・エンジニアは、スタジオに所属しているかあるいはフリーランスです。スタジオミュージシャンもまたフリーで成り立つ仕事です。レコーディングの際にスタジオで演奏しますが、ライブのステージをサポートしたり、また、自分が主役となってCDを出したり演奏活動をする人もいます。

★音楽・映像プロデューサー　Yさんの仕事

以前レコード会社に勤めていたYさんは、会社を辞めて独立してフリーのプロデューサーとしてアーティストの新曲や新作CDにともなうプロモーション・ビデオ（PV）などの制作に携わっています。おなじくフリーランスの映像ディレクターに仕事を発注することもあります。

Yさんの場合も、以前雇用されていたレコード会社からのつながりで、仕事を契約してきました。音楽業界の場合、人の出入りも頻繁なので、辞めた会社の元社員と一緒に仕事をするというのは珍しいことではありません。Yさんは会社員時代に培った人脈を生かして仕事を受けています。

プロデューサーのYさんの役割は、たとえば一つのPVを制作するのに、企画を提案してレコード会社や広告代理店と協議し、実際に制作となった場合には、カメラマンなど関係スタッフの手配をしたり、取材や撮影のための視察（ロケハン）を行うように調整することです。この仕事の場合、小さくても会社をつくって法人で請け負う人もいますが、Yさんのように法人化はせずに個人で動き回れる範囲での個人事業（フリーランス）で行っている人もいます。会社にして人を雇うなどの事務処理を嫌う人や、あくまで個人的に仕事をしたいという人は、フリーランスのままでいるようです。

会社員時代は、都心での仕事が多く毎日遅く帰宅するため住まいは都内でしたが、独立してからは長野県に自宅を移し、必要に応じて車で都内に移動するというスタイルで働いています。

★クラシック音楽家　Mさんの仕事

弦楽器、管楽器などクラシックの演奏を仕事にしている音楽家にもたくさんのフリーランスの人がいます。しかし、他の業界、あるいはポピュラーミュージックの世界でのフリーランスと異なるのは、多くがオーケストラの演奏者（メンバー）になることを目指して音楽活動をしており、その過程で暫定的にフリーランスとなっていることです。「○○交響楽団」といったオーケストラは、ほとんどが都内を中心に活動していますが、その専属のメンバーとなる（例えばバイオリン奏者として）と、オーケストラを運営する組織に雇われることになり、会社員と同じに給料をもらいます。募集に対して希望者の数が圧倒的に多く、非常に狭き門になっています。また音楽事務所に所属することもあり、この場合も雇用される形です。

そのため多くの音楽家が、メンバーになるためのオーディションを受けながら、音楽教室の講師をするなど、別に音楽活動をして生計を立てています。クラリネット奏者のMさんの場合も、音楽教室の講師をして生徒に教えるほか、中学から大学までの吹奏楽部のコーチとしてクラリネットの指導にあたっています。講師料は教室の主宰者から、コーチ料は学校から得ています。

これが仕事（収入）の約半分で、それ以外はオーケストラにエキストラとして臨時に呼ばれて演奏するとか、地方（地域）で開かれるオペラやオーケストラの演奏会に出演しています。

一〇歳からクラリネットをはじめたMさんは、都内の音楽大学を卒業したのち、大学院に進み、卒業までの二年の間に特別短期奨学金を得て海外でも学びました。その後も日本で何人かの音楽家の先生に師事して実力を磨き、先生から室内楽の仕事を紹介されたのをはじめ、さまざまな仕事をこなしてきました。

現在独身ですが、今後家庭を築くことを考えると、フリーランスでいることに不安を感じることはあるそうです。おなじフリーランスの音楽仲間には、音楽以外の仕事でアルバイトをしている人もいます。その点、Mさんは自分の好きな音楽の道で生活をしているので満足しています。

「音楽指導の意義も感じていますし、なにより自分の好きなことで生きていける。身につけた技術や知識を生かして仕事にできることはよかったと思います」

不安はあるものの、同じような音楽家の仲間同士の連帯や結束は強く、仕事の面でも助け合っていけるところに心強さを感じています。見方を変えると、フリーランスとしてひとりで活動しているといっても、仲間や先輩などとのコミュニケーションによって得られるものは多く、人との関係は大切だと言います。この点がうまくできない人は、そうした評判もすぐ広まり、つづけるのが難しいようです。

＊映像、放送、広告

映像の仕事でもフリーランスはたくさんいます。企業の広報用ビデオや音楽ＣＤやアーティストの宣伝用音楽ビデオの制作など、映像のニーズも多岐にわたっていて、これらを個人で請け負っている人がいます。ビデオ制作を含めて、音楽ビデオ全体のプロデューサーもまた個人で請け負っている人がいます。カメラマンの手配から、撮影のコーディネートなど全体の進行を監理してまとめるのが役割です。

放送関係では、番組の進行に合わせて放送時間を管理するタイムキーパーという仕事があり、多くの人がフリーで活躍しています。制作会社に勤めて経験を積んだのちに独立するようです。

広告の世界では、モノやサービスを消費者に興味を持たれるように、的確に説明する文書をつくるコピーライターがいます。この仕事は、広告代理店の社員が行うほか、フリーで才能を生かして独立して、仕事を請け負っている人もいます。

ファッション関係では、雑誌に出るモデルやテレビに出演する人のファッション全体をコーディネートするスタイリストという仕事があります。専門学校などで学んだあと広告会社などに入って経験を積み、その後独立して出版社などと契約してフリーランスとして働く人がいます。

★映像（制作）ディレクター　Kさんの仕事

三二歳のKさんは、フリーになって三年目。映像制作にかかわるフリーランスの仕事をしています。「映像ディレクター」という肩書きで、ひとつにはウェブ上で食品会社のお菓子の宣伝など、商業的な目的でアップされている映像を制作しています。CMそのものではなく、CMを制作する過程を取材して、映像化することもあります。

また、直接映像制作はしませんが、CMやPV（プロモーション・ビデオ）を制作する際に、映画で言えば助監督的な役割を担い、スタッフとして関わることもあります。

報酬のほとんどは、CMなどの制作会社との契約によって、ひとつの仕事単位かあるいは一日の日当という形です。

Ｋさんは東京の四年制大学の経済学部に入学しましたが、自分がやりたいことは映像の仕事だと思い直し、卒業後、今度は奨学金を得て美大で四年学び、卒業後はＣＭの制作会社でアルバイトをはじめました。しかし、思ったようなことができないと感じて、フリーランスになることを決めました。幸い、アルバイト時代に得た人脈や会社とのつながりで、仕事が来るようになり、また、結果はともあれ自分の好きな仕事に、自由にアプローチすることができることにやりがいを感じています。

都内のアパートを自宅兼仕事場として活動していて、今後は徐々に企画の提案を直接企業などにしていき、「この人だから仕事を頼みたい」といわれるようになりたいと言います。

フリーランスを選んだこと、またその魅力については、

「組織が好きじゃないのかもしれません。フリーだと、仕事をするときは、その都度相手と対等な関係になり、仕事単位で関係が終わるのもいいです。一回一回の緊張感があるという感じがします」

もちろん大変なこともあるそうです。

「仕事をいくらで引き受けるかなど、お金の交渉が大変ですね。事務所（エージェント）を通して交渉している人はいいですが、自分はひとりなので値切られたりすると、対応がむずかしいことがあります」

★映画監督、助監督　Tさんの仕事

映画制作の現場には、助監督をはじめ撮影、照明、録音、美術などたくさんのフリーランスがいます。高校時代から映画の世界に興味を持っていたTさんは、一九九八年に大学を卒業したあと、映画の道へ進もうと専門学校へ入り直しました。講師に紹介されてある映画（Vシネマ＝ビデオ販売を目的とした映画）の製作現場で見習いとして働くようになりました。

それが縁で、監督に誘われ卒業の翌年からフリーランスの助監督に。助監督というのは、映画の製作進行のためのさまざまな雑事から手配まで、段取りをつける仕事です。また、一般的に助監督にはいろいろな苦情やトラブルが寄せられて、その解決や物事を進めるために、根回しをすることもあります。

助監督には、「チーフ」、「セカンド」、「サード」があり、映画のエンドロールでのクレジットでは、チーフ助監督のみ「助監督」となり、セカンド以下は、「演出助手」などとなります。助監督は、立場によってそれぞれ担当があり、チーフは、撮影全体のスケジュールを担当。セカンドは、衣裳《いしょう》やメイクなど俳優の扮装《ふんそう》に関わる部署をまとめ、その準備に関わるスケジュールを担当します。サードは、美術まわりの部署をまとめる係です。


映画の世界で働くには、東宝、東映、東北新社などの大きな製作会社に入るかイマジカなどのポストプロダクション（撮影終了後のさまざまな処理をする会社）のスタジオや、機材会社に就職するという道があります。しかし、映画会社の社員になるのは狭き門で、また、社員はプロデューサーや企画、宣伝、経理などに限られます。

製作現場で働きたいと思っていたため、Tさんはフリーでやるしかないと覚悟を決め、助監督の仕事を選びました。不安はありましたが今後何でも起こりえるというスリルも感じてのスタートで、その後現場に慣れてくると、映画製作で助監督は欠かせない仕事だと、やりがいを感じていました。

助監督から監督になるというコースは珍しいですが、Tさんは、三三歳から脚本を書くなどして監督をめざし、三七歳で念願の監督デビューを果たします。しかし、常時監督として仕事をしているわけではなく、助監督的な仕事も続けてきました。「映画監督協会などや、大学の映画学科などには、実際には撮っていない〝自称監督〟があふれているので、撮っていない時に、監督と名乗るのはためらいがある」と言います。

映画製作の予算はかつてはメジャーの映画会社が一社でお金を出していましたが、最近は製作委員会などという形が主流で、メジャーの映画会社やテレビ局が組んで予算を集めます。また、現場の製作を請け負う下請けのプロダクションが予算を出して、製作委員会に参加することもあります。助監督は下請けのプロダクションから報酬を得ます。短期の場合は一本あたりいくらで、数ヵ月に及ぶ場合は月いくらという契約です。監督には、助監督と同様の契約のほか、製作委員会との契約での報酬や、興行収入やＤＶＤの売り上げに応じて印税が支払われることがあります。

「フリーの助監督の強みとしては、嫌な人とは仕事しなくてよいことで、依頼がきても仕事を断ることができます。とはいえ、仕事を選びすぎて、人間関係の幅を狭くしてしまう人もいます。フリーの場合は、コネが命みたいなところがあり、人と人とのつながりは大切です」と、Tさんは言います。

★脚本家　Nさんの仕事

脚本家のNさんは、フリーで何年か続けたのち、ある映画監督が社長をしている会社に誘われて、「とりあえず、確定申告とかの面倒な手続きをしなくて済むようになるよ」などと言われ、承諾して雇われる形で脚本家をしています。これはかなり珍しいケースで、かつてのNさんのように、基本的には脚本家はフリーランスです。

脚本家がどのように報酬を得るかは、「どの時点から、どのように関わるか」によっても異なります。脚本作りの流れは、おおまかにいうと、シノプシス（あらすじ）執筆→シノプシスOK→脚本第一稿執筆→準備稿完成→映画の製作決定→決定稿完成→クランクイン→映画完成、となります。

Nさんは、脚本と報酬についてこう説明します。

「「シノプシスを依頼されて書いたが、ボツを食らって、そのままお払い箱となった」、「シノプシスを書いて採用され、準備稿も書いたが、資金繰りがつかず企画自体がつぶれた」「シノプシスから準備稿まで書いたが、役者サイドやスポンサーサイドからリライトを言い渡され、承服できず途中で降りた」「上記のような事情が別の場所で発生し、リリーフの脚本家として途中採用されたが、間もなくクビになった」「シノプシスから決定稿まで全て問題なく進めることが出来、映画も完成した」と様々な関わり方がありますが、労力の投入量や収益を生む映画への貢献度が違う以上、支払われるギャラの額に差が出て来るのは当然でしょう」

いずれにしても、支払われ方は、「プロデューサーと作品ごとの契約」で、それぞれの執筆料について事前に金額などを決める場合や、「依頼されたからとりあえず書く」「金の話は後で」となることもあります。さらに、企画が途中で頓挫《とんざ》した場合、ギャラが未払いになることもあります。

このほか契約のかたちとしては、場合によっては、「今後一〇年間はウチの会社以外で書いてはだめ、だけどその分、契約料は弾む」というケースもあるし、また大御所の脚本家からゴーストライターとして雇われて、その作品のプロデューサーから支払われることも考えられます。いずれにしても基本はフリーランスです。

＊建築・インテリア

住宅の空間をどう演出するかについて、プランニングをして空間全体をデザインするのが、インテリアコーディネーターで、また実際内装を設計するのがインテリアデザイナーです。住宅メーカーなどで働いて経験を積んで、フリーランスとして働く道があります。

家や家具、建具の製作にかかわる古くからの仕事でも、フリーランスの要素をもつものがあります。まず大工ですが、従来の木造工法による家は大工によって建てられます。この場合、建築会社や会社組織の工務店に雇われている大工もいますが、個人事業として看板を出して、仕事をしている人がいます。

建築会社や工務店からの下請けとして注文を受ける場合や、建築家からの紹介で家を建てたいという個人から直接受けることがあります。腕がいいと評判の大工であれば、こうした業界関係者から、直接あるいは間接的な紹介で仕事が来ます。これはフリーのカメラマンやデザイナーと同じで、注文に応じて、時に仕事を選びながら建築を請け負っていきます。

大工の他にも家づくりはさまざまな種類の専門職が関わります。壁を塗る左官やペンキなどを塗る塗装、板金、タイル、建具、電気関係、給湯設備など……。これらの仕事は、会社組織で請け負われることのほか、ほとんどひとりでもできるので、個人として大工や工務店から仕事を請け負っていることがあります。ここでも、腕がいい、仕事の質が高い、という人には注文が集まりますから、仕事に困ることはあまりありません。

職人は個人の手腕で成り立つ仕事で、また建具屋がドアをつくったり、タイル屋が風呂場のタイル張りを完成させたりするように、ひとつのものや作業を完成させることでひとつの仕事が終わります。これはフリーランスのライターがひとつの原稿を仕上げて報酬を得るのに似ています。

昔ながらの木工所の職人のなかには、流れ職人的にいくつかの木工所を渡り歩いて、出たり入ったりして仕事をする人もいます。日頃のネットワークを通じて、いくつかのところから仕事を得ていくという意味でもフリーランス的です。腕とネットワークと営業力があればひとりで成り立つ職種です。

★左官　Oさんの仕事

建築はさまざまな仕事の集積といえます。そのうちの一つに左官の仕事があります。左官を請け負う会社に、会社員として勤める左官職人もいますが、Oさんは、独立して一〇年余になります。一般の左官の仕事のほか、左官技術をつかって洗面台など造形物をつくったり、モロッコの特殊な磨きの技法を習得したり、自然素材を研究したりと、特殊な技術を習得してきました。

工務店を通しての左官の仕事を受けるほかに、特殊な技術のいる仕事に対して、建築家や住宅を建てようとする個人のお客さんからの注文を受けています。都内を拠点にしていますが、注文に応じてどこへでも出かけます。

「インターネットなどでもっと宣伝したらどうだと言われることがありますが、ひとりでやっているので、キャパシティーを超えてしまう仕事を受けると質が下がってしまうからできません」と言います。

左官の仕事は、ひとりでこなす場合もあれば、同業の仲間に手伝ってもらうこともたびたびあり、横のつながりを保って互いに助け合うことが大切だとOさんは感じています。

個人で仕事をしていることをOさんは気に入っています。

「自由気ままにできるところがいいですね。仕事の責任は自分にすべてありますが、やり終わったあとで、お客さんに「ありがとう」って言われると、職人でよかったなあって思います」

これから職人として独立しようという人には、「まずは、一歩を踏み出すことによって道ができるのでは。本当にやりたいならやるべきです。うまくいかなくても自分で決めたことだから納得がいくのではないでしょうか」と、言います。

★コーキング　Uさんの仕事
建物の防水のための工事や、ガラスと建具の隙間《すきま》を埋めるなど、仕上がりをよくする仕事をコーキングといいます。Uさんは、独立してひとりで仕事をするようになって二〇年以上たちます。それまでは会社に勤めてコーキングの仕事をしていましたが、人に使われていることに疑問を感じて一念発起しました。

仕事は、防水工事の会社からの下請けで入ってくるものや直接建築会社から請け負うもの、また、建築関係の仲間や不動産屋から頼まれるものがあります。一度、工事をした現場で知り合った人から、気に入られて入ってくる仕事もあります。いずれにしても、仕事を通じてできあがった人間関係が大事な役割を果たしています。

なかなか仕事を得るための営業までは手が回りません。収入が不安定なこともあり、材料代の確保など資金繰りをどうしようかと考えることもあります。一方、フリーランスのいいところとしてはこう言います。

「経験を積めば、元請との調整をして個人の時間をつくる努力をすることで、都合に合わせて休みをとれるところです。関係者にも協力してもらって、なんとか休みの前に仕事の区切りをつけてもらうようにします。趣味が多いので、この点は助かります」

★コンクリートの補修・復元　Bさんの仕事

住宅など建築物で、コンクリートの表面をそのままにして外壁などにすることがあります。これを、「コンクリートの打ちっぱなし」といいます。素材そのものの味わいを生かした方法ですが、そのとき表面上の悪いところを直して仕上がりをよくすることを専門とする仕事があります。これがコンクリートの補修・復元で、Bさんは五〇年以上の職歴をもっています。横浜を拠点に、以前は会社勤めをしていた息子と一緒に仕事をしています。

この技術を完全に習得するには、一〇年から一五年は必要で、Bさんが独立したのは三〇年ほど前です。特殊な仕事であり、競合するところはほとんどありませんが、どれだけやってもきりがない仕事でもあり、その点が難しいといいます。

仕事は工務店から受けたり、建築家から直接受けたりします。建築関係の雑誌に紹介されたりしたのをみて頼んでくる人もいます。こうした特殊な技術を必要とする人は、全国にいるので、注文があれば全国どこへでも出かけていきます。

職人気質《かたぎ》で、技術には自信があるので、注文をしてくる先が大手の工務店だからといって優遇することはしません。仕事の波もあって暇な時もありますが、休みは自由に調整できます。

「世の中が連休で休んでいるときは、どこへ行ってもいっぱいだから仕事をして、そうでないときに休みを入れたりすることができるところがいい」と、言います。

★電気工事Fさんの仕事

住宅建築に電気工事は欠かせません。Fさんは電気工事の会社に二〇年余勤めてから独立して、個人で電気工事を請け負う仕事をはじめました。それまで勤めていた会社員時代に培った人脈で、独立後も仕事を受けたり、また、同業の仲間とグループをつくって仕事を回しあったりしていました。

現在は、住宅関連の工務店からや、長年の得意先である機械メーカーからの仕事が主で、このほか、加入している土建組合のつながりで仕事を受けることがあります。

仕事を得る上で人間関係は大切ですが、関係を選ぶことができる自由があるのも個人でやっている長所です。引き受けたくないという相手からの注文については、見積もりの段階でかなり高い金額を示します。事実上の拒否です。反対に、いつも助け合っている仲間から「困っているのでどうしても」というときは、損を覚悟で手伝うこともあるそうです。

埼玉県を拠点にしていますが、仕事の範囲は特にきめないで千葉や都内などへ出ていきます。仕事のスケジュールはある程度自分できめられるので、休みと仕事の按配《あんばい》も自由に設定します。

工事の仕方など、自分のやり方を貫くことができる一方で、ひとりだとよその技術を見ることが少ないので、応援を頼んだときなどに、他人の仕事を見て、コミュニケーションをとって勉強することが必要だと考えています。

＊建築家・設計士

建築の免許には一級建築士、二級建築士、があります。一級の資格をもっている人は、大手の建築会社やゼネコン、工務店、建築事務所などで社員として、建築・設計の仕事をする道があります。このほか、会社や事務所から独立して、設計事務所を開く人もいます。

この場合、大きな事務所（会社組織）となると経営者ですが、個人レベルで住宅や店舗設計、リフォームなどを請け負っていく自営業としての建築家はフリーランス的です。

大手の建築会社で設計士として働く場合、一般に大きな建物の一部を担当することになり、全体を細かく見ることはありません。その点、個人（フリーランス）で個人住宅を設計していく仕事は、細かいところを含めて建物すべてに関わることになり、自分の作品として建築物を見ていくことができ、その点が魅力ともいえます。

個人の場合、営業・広報活動などはあまりしないので、住宅建築の依頼は、個人的なつながりや同業の仲間からの紹介など、人脈を通してがほとんどになります。

ひとつの家の設計で満足してもらうことで、別の依頼・注文につながることもあり、その意味では、確かな仕事と人間関係が大切といえるでしょう。とはいっても、自ら情報を発信しないと、仕事の幅が広がっていかないこともあり、ブログやホームページによって自分の作品などを紹介していくことも重要になっています。

＊料理人

プロの料理人が働く場所に、レストランや寿司屋、ホテル、旅館などがあります。ここで雇われて働くわけです。このほか、自分で店を開いていくという働き方もあります。オーナー兼シェフ、店主であり寿司職人という形がそれです。

いま寿司職人という言い方をしたように、料理人もまた建築の職人と同じように、古い言い方をすれば、「腕一本で勝負する」という面があります。そんな料理人の姿を表わしたのが古い歌謡曲「月の法善寺横丁」のなかの「包丁一本さらしに巻いて、旅に出るのも板場の修業」という言葉です。

つまり包丁一本あればどこでも仕事ができるという意味でもあります。新しいレストランなどの開業には、いい料理人が必要です。そこでどこかにいる腕達者を引き抜いて雇うわけです。毎日の仕事ですから雇用関係になりますが、場合によっては立ち上げから開店後しばらくだけ「その腕を貸す」といったこともあります。こうなると、フリーランス的に時と場合によって働くということになります。

アメリカではいまや日本食、特に寿司バーは全国的に見られます。ここまで広がるなかで、寿司職人は引く手あまたでした。新装開店に合わせて日本から人材を探して呼び寄せたり、アメリカ国内の他の寿司バーから引き抜いたりしていました。いままでワシントンDCの寿司バーにいた日本人シェフ（寿司職人）が、翌年はマイアミの寿司バーで腕を振るっていたというのはよくある話です。これもフリーランス的な働き方ともいえるでしょう。

＊看護師、医師

寿司職人に似ているといっては意外かもしれませんが、看護師の世界もまた自由な働き方が可能な面があります。ひとつの病院で勤め上げる看護師がたくさんいる一方で、いくつかの病院を経験していく人もいます。

看護師は資格と技術に裏打ちされた仕事であり、つねに多くの病院で看護師を求めています。こうした状況を背景に、何年か働いたのちに、休職をはさんで別の病院で働くといったように、資格と経験・技能をもとに、比較的自由に働く場を求める人がいます。通常の看護師の仕事ではなく、なかには途上国での医療援助に携わり、戻ってきてまた病院勤務をするという人もいます。

医師の場合はどうでしょう。冒頭に「ドクターX」の大門未知子のフリーランス宣言の話をしたように、実は医療の現場にもフリーランス的な医師は登場しています。開業医は独立した自営業で、雇われる医師としては、病院内での常勤と非常勤の雇用があります。非常勤のなかには、短い期間だけに限っての仕事で、極端な場合は、一日のなかの数時間に限ってアルバイト的に雇用されることもあります。医師のなかには、組織のなかの束縛や過重な勤務を好まず、また非常勤といえども報酬が高いので、こうした仕事の仕方を望む医師もいます。

女性医師の場合は、家事や育児との関係からあえてこうした形態の診療、勤務をする人もいるようです。医師の場合も病院と医師をつなぐ医師紹介業があって、病院が紹介業者に紹介してもらった場合、紹介料が病院から紹介業者に支払われます。

*マッサージ師など

鍼灸師《しんきゅうし》やあん摩マッサージ指圧師、整体師はどうでしょうか。鍼《はり》・灸をつかった手技療法で治療する鍼灸師、そして、マッサージを施し治療するあん摩マッサージ師は、ともに国家資格が必要です。これを取得してからまずは治療院などに就職します。その後、独立して、治療院を構えて開業したり、フリーランス的に治療院と契約して、その場所に出向いて患者の治療をするというスタイルもあります。

整体師には国家資格は必要ありませんが、あん摩マッサージ師の資格をもって、治療院、整骨院などで働いたり、独立したりする方法があります。

＊落語家

変わったところで、落語家をみてみましょう。彼らはフリーランスといえるでしょうか。落語の世界は、師匠に弟子入りしてまず「見習い」からはじまります。その後順調にいけば「前座」となり、その後「二つ目」になれば、独立することになります。そして「真打《しんうち》」になれば、噺家《はなしか》として一人前になったと一般的にいわれます（ただし、この仕組みは東京の落語界の話です）。

前座までは、奉公のように師匠のところにいて、さまざまなことを教えてもらいながら、小遣いをもらって修行します。二つ目からは独立して、仕事をもらって収入を得ます。落語家でも大きな芸能事務所などに所属している人もいれば、まったく独立している人もいます。独立してあるときはテレビに出たり、イベントの司会をしたりなどすれば、フリーランスの働き方に近いかもしれません。

＊教える仕事・非常勤講師

大学や予備校で教える仕事もフリーランス的な面があります。大学で教鞭《きょうべん》をとろう、あるいは研究をしようという人は、通常博士課程を終えた後にポスドク（post doctorの略で、特別研究員）と呼ばれる職（地位）につきます。大学に雇われて研究をするわけです。

ポスドクの地位から先、昇進を目指すのであれば助教授→専任講師→准教授→教授という道が開けています。これらは正規の大学教員として雇われるポストです。これに対して非常勤講師という職があります。たとえば「ドイツの幼児教育」といった授業単位で教える仕事を引き受けるのが非常勤講師の仕事です。

大学では、週に一回教える授業の単位を一コマといい、大学によって報酬はまちまちですが、たとえば一コマ三万円の契約で教えるとなれば、月にほぼ四回で三万円を得ることになります。文系の場合は、いくつかの大学での授業を掛け持ちすることもあり、合計一〇コマ教えれば、大学によって報酬も違いますがだいたい月収にして三〇万円前後になります。

非常勤講師は、一年契約で大学と雇用契約を結び雇われます。雇用ですから労働保険がかけられ、仕事（授業）の間に事故に遭ったりすれば労災保険が適用されます。ただし、医療保険や年金については労働時間が一定時間未満であれば常勤の人たちが私学共済に加入しているのに対して、個人で自営業者と同じ国民年金や国民健康保険に加入しなくてはなりません。

一般に非常勤講師になるには、修士課程や博士課程を修了していることが求められますが、なかには著作があるなど実績があれば、個人的な紹介によって職に就くことも可能です。

自由を求めてあえて非常勤に、でも余裕が……

学問の世界で生活していくとき、最終的には教授という地位につくことを多くの人が望んでいます。学生の指導と自分の専門的な研究を進めていきます。しかし、昨今の大学の教授など常勤の教職員は、大学によってもかなりの差はあるものの、一般的に「教える」、「研究する」ということ以外に、学生の就職や入試や募集にかかわる事務的なことがらについての仕事が増えているのが現実です。

「単位を落とした学生の親が直接やってきて、クレームの対応に追われたり、就職について学生と親との間に立って調整したりといった仕事まで教授がやることがあります」と、ある地方大学のベテラン教授はこぼしていました。

こうした愚痴にも似た意見は、大学の教職についている先生たちの間ではしばしば聞かれます。身分や安定と引き換えに、組織の一員として束縛されたり行動が制限されたりする割合は、比較的自由度の高いと思われてきた大学の教職員の間でも高まっています。この背景には、少子化によって学生の確保についての競争が激しくなってきたことと、確保した学生を丁寧に「お客様」のように扱う必要が出てきたことがあります。

こうした実情から、「教えること以外の事務的なことはしたくない」とか、「できるだけ自分の研究や、他に傾注している個人的な作業（たとえば小説を書くとか）にあてる時間を確保したい」と、思っている人は、「講師の仕事の方がいい」と、収入は少なく不安定な職をあえて好むことがあるようです。

ただし、配偶者の収入が安定しているとか、実家に経済的なサポートを受けているというように、他に職業や収入の道があるからこうした選択をすることができる人もいるでしょう。いずれにしても、講師として雇われている身分ではあるものの、できるだけ自由の度合いが高い働き方を選ぶという点では、フリーランス的な仕事の仕方であることには違いありません。

近年、労働契約法の改正によって、雇用の期間が契約で決まっている（有期雇用）の労働者が、同じ職場で五年を超えて働くと、希望すれば期間の定めがない「無期雇用」に転換できることになりました。しかし、五年以上働いている非常勤講師を、常勤として雇わなければいけないということになり、大学によっては契約期間の上限を五年以下にする動きが出て議論になりました。

継続して雇われることを求める非常勤講師から、反対の声も上がっています。結局、法改正は、非常勤から常勤へという採用の動きよりも、非常勤を一定年限で切るという動きをもたらすことになりそうだからです。

*IT関係のエンジニア、デザイナー

コンピュータやインターネットが普及し、かつては企業でなければ導入できなかった高価な機械やソフトを一般人が使えるようになり、情報へアクセスする力も、個人と企業とでそれほど変わらなくなってきました。

パソコンをもってインターネットに接続できれば、自宅にいながらにして、高度な仕事ができるようになり、結果としてＩＴ関係のエンジニアやデザイナーなどのフリーランスとして働く可能性を高めたといえます。

急成長しているゲーム業界や通信関係の業界はいうまでもなく、いまやありとあらゆる業界が、インターネットを通してウェブ上で、情報を発信したり受けたりしてビジネ

ス上のコミュニケーションを図っています。その際のウェブデザインやコンテンツ作りなど、関係する仕事は増大しています。

その仕事の内容をみれば、企画・立案から、システムの設計や開発、保守・管理に関わるものなどさまざまで、そのなかで使われる技術もまたさまざまです。たとえば開発作業のなかでは、グラフィックデザインやアニメーション制作、アプリ開発など多岐にわたっています。

こうした仕事に必要な技術と能力は、必ずしも企業内で培われるわけではありません。一時期は企業内にいて技術を習得したエンジニアや、専門学校などで学んだ後に徐々に仕事をこなしてきたエンジニアが、企業に直接雇用されることなく、フリーランスとして技術と能力を活かしてこうした仕事をこなしています。

このなかで業務委託の仕事では、会社員のように、契約する企業に出向いて仕事をすることがあります。この場合、委託を受けた会社のなかで臨時あるいは特別に、ある職種で（例：システムエンジニア、プロジェクトリーダー、プログラマーなど）、一定期間その会社で働くことになります。

ＩＴ業界は、成長分野であり技術の進歩は早く、製品開発にかかる人材や技術を、適宜必要としています。かといって企業内で社員として抱えておくのはコストの面からリスクが大きく、人材の育成にも時間がかかるので、その都度必要な技術者を外部から、フリーランスでかかわってもらう方が効率がいいと考えられています。フリーランスで働く方も、自分の得意分野に重点を置いて、仕事を選ぶことができます。

フリーランスと企業をつなぐ

こうした企業のニーズとフリーランスで働く側のニーズをマッチングさせる、「仕事紹介業（企業）」という、いわば〝お見合い〟の仲介をするような事業が広まっていることも、この種のフリーランスを成り立たせていることに一役買っています。

フリーランスで仕事をする場合、個人的な人脈などを通じて仕事を得たり、以前企業に勤めていれば、その時の仕事のつながりで仕事を受けたりすることがあります。しかし、もっと広く仕事先を見つけたいとか、人脈もないのでなんとか仕事先を開拓したいというフリーの側のニーズはあります。

一方、仕事を発注したい企業は、外部への委託が多くなってくると、求める技量を持った人を探すのがむずかしくなってくることもあり、つねにフリーランスを確保するための情報が必要になります。こうした両者のニーズに合わせて、引き合わせて紹介するのがこうした業種です。

人材派遣業が、登録型でも常用型でも、働く側は派遣会社の社員となって、派遣先の職場で指揮命令に従って仕事をします。しかし、上記のように紹介企業によって仕事を得たフリーランスは、仕事の発注元の企業から業務委託か請負の形で、契約にもとづいて仕事をして報酬を得ます。

この際、間に立つ紹介企業がフリーランスを面接して要望を聞き、適性を判断するなどして、技術を必要とする企業を紹介し、企業側との仕事内容の交渉に関わることもあります。また、あくまでインターネット上に「出会いの仕組み」を構築して、このなかでフリーランスと発注側の企業を結びつけるというビジネスもあります。

製造業の企業が、外部に生産を委託して自社のブランドで販売するような場合を、アウトソーシングといいます。外部（out＝アウト）と業務委託（sourcing＝ソーシング）を合わせた言葉です。これから派生して、インターネットを利用して企業などがフリーランスなど不特定多数の人に仕事を発注したり、仕事をする人を募集したりすることをクラウドソーシングといいます。クラウド（crowd＝群衆）に業務委託するという意味です。

文系の仕事のなかにもフリーが

人材紹介業のなかには、エンジニアやデザイナーといった理系やクリエイティブ系の仕事のほかに、文系の仕事としてのフリーランスを紹介している企業もあります。広報や企画、人事制度、会計・経理、事業計画などの仕事が対象です。

こうした人材は、企業が社員として社内に抱えていると思われますが、人件費を適正に抑えるため、臨時に人材を求める傾向があります。大企業の場合は、できるだけ社員は付加価値の高い事業の責任あるポジションに置いて、その周辺は必要に応じて臨時の人員で埋めたり、また、出産休暇や育児休暇で穴が空いた仕事を、外部の人材に一時的に頼ったりすることがあります。

中小企業は、社内にはない経験や技術をもつ人材に一時的に事業に加わってもらい、指導的な役割を担ってもらうという意味で、外部からフリーランスとして人材を求めることもあるようです。こうした人材は、即戦力として役立つことが求められます。つまり、それなりの経験と能力を持っているという点で、それまで大企業などで実務経験を積んだ人材です。このように、企業が共通して求める経験とスキルを持った人材は、文系職種でもフリーランスとして求められています。

紹介業のなかには、とくに「キャリアのある女性」を対象にしたところもあります。出産や育児、あるいは夫の転勤でいったん会社を辞めたのち、再度仕事をしようという女性と、こうしたスキルを活用したいという企業のニーズを結びつけるわけです。経験を積んだ人が対象ですから、三〇代から四〇代が中心になります。

第四章　フリーランスと雇われることの違い――「制度」から考える

世の中でフリーランスといわれている仕事やフリーランス的な仕事について、ここまで幅広くお話ししました。フリーランスの実情がおおよそ伝わったでしょうか。このなかで、雇われている例は別にして、雇われないスタイル、独立している場合に限ってそれをフリーランスとした場合、フリーランスであることは、雇われることとどんな違いがあるのか、医療保険や年金保険など社会制度の面をはじめ、ライフスタイルなどについて具体的に考えてみます。

税金を納める

社会人として生活している限り、さまざまな税金を納めなければなりません。たとえば、消費税はものを買ったり（取引したり）したときに誰《だれ》もが自動的（間接的）に納める税金です。一方、自動車税は自動車を所有している人が直接納める税金です。これらは会社員でもフリーランスでも同じような方法で個人的に納めます。

これに対して、税金の支払い方が、会社員など雇われている人とフリーランスとでは違うことがあります。所得税がそれです。社会人として仕事をして収入（所得）があれば、所得税を国に納めなければいけません。その額は概ね所得の額に応じて決まります。たくさん所得のある人はそれなりに多く、少ない人は少なくなります。

所得税の納め方は、フリーランスにとっては重要なので、もう少し細かく説明しましょう。まず、フリーランス（自営業）の場合、収入の額そのものが税金を決める対象ではありません。まず大雑把に言って、税金は、収入から「仕事をするのに必要な経費」を差し引いた残り（所得）に対してかかります。

ラーメン屋さんのような自営業なら、借りている店の家賃、光熱費、ラーメンの材料費、広告を出せば広告・宣伝費など、仕事に必要なすべての経費を全体の収入から差し引いたものが所得です。フリーランスのカメラマンならカメラはもちろん撮影機材や、取材の際の交通費や仕事のための自動車の購入費やガソリン代、必要な書籍類や交際費は経費ですし、自宅とオフィスを兼ねているならば、家賃や光熱費の何割かは経費となります。これらを収入全体から差し引いた額が所得になります。

会社員の場合は、給与やボーナスが収入になります。一方経費はというと、仕事に必要なスーツやカバンなどの購入費が考えられますが、私用との区別がつきにくいので、実際は難しいところがあります。そのため、自営業者との公平を図る意味で、給与から、経費のように一定額を差し引いた額を所得とすることになっています。この場合、差し引くこと（金額）を「給与所得控除」といいます。控除というのは「差し引く」という意味です。

こうして給与所得者でも自営業者でも、経費（的なもの）が差し引かれて、所得とみなされます。さきほど経費を差し引いた所得に税金がかかるといいましたが、正確に言うとこの所得（金額）からさらに「控除」（差し引かれる金額）があり、その最終的な残りの金額（「課税所得」といわれる）に税金がかかります。

では、どういう控除があるかというと、まず、誰に対しても適用される「基礎控除」があります。そのほか、「社会保険料控除」といって、一年間に支払った年金保険や公的医療保険の保険料などの控除、また、生命保険に入っていれば「生命保険料控除」、配偶者がいれば「配偶者控除」か『配偶者特別控除」、さらに、配偶者以外で養う必要のある親や子供がいれば「扶養控除」があります。ただし、配偶者に一定以上の収入がある場合は、この控除は適用されません。

源泉徴収と確定申告、年末調整

繰り返していうと、所得から経費や各種控除額(一年間の合計)をまとめて引いた額が「課税所得」といって、純粋に課税の対象となる金額です。つまり、一年たって初めて課税額(支払うべき所得税の額)が正式に決まります。

しかし、会社などに雇用されている人は、一年まとめてではなく実際は毎月所得税を納めています。というのは、雇う側が、毎月支払う給与を基準にして、その月ごとに所得税を本人に代わって税務署に納めているからです。この仕組みを所得税の源泉徴収といいます。この毎月の納税(源泉徴収)の合計額は、暫定的なものです。ですから、年末になって確定する正しいその年の税額との差額を調整する必要があります。これを「年末調整」といいます。

ほとんどの場合、年末調整は会社が本人に代わって処理してくれます。「年末調整のための、必要な書類を出してください」などと、会社の総務課などに言われて、社員は控除の証明となる保険の書類などを提出しているはずです。しかし、それがいったいどういう意味の作業なのかわからない社員もかなりいるようです。

年末調整によって、暫定的に納めた税金が多すぎたり、あるいは少なすぎたりするため、その分が戻ってきたり、あるいは追加で納める必要が生じてきたりします。

雇われていると、毎月税金は自動的に会社によって納税されるし、年末調整も会社が代行してくれるという、まさに至れり尽くせりの〝事務代行〟です。これが、自営業やフリーランスになるとどういう手続きが必要かというと、すべて自分で処理することになります。

一年間にどのくらいの課税所得があったかをまとめて「確定申告」という形で、住民登録している自治体を所管する税務署に届け出ます。収入がいくらあって、そのうち経費がいくらで、さまざまな控除を計算して、最終的な「課税所得」を算出して、納める税額を確認して、所定の用紙に記入する作業が必要です。

この事務作業は煩雑なもので、また少々複雑で、金額も大きくなると税理士に頼まざるを得ないことにもなります。さて、このことをどう考えたらいいでしょうか。「やっぱり会社員は楽でいいな」ということになるでしょうか。会社員でも、給与以外の所得が、一定額を超えると、確定申告をしないといけないことになりますが、その作業はそれほど面倒ではありません。それでも、「面倒くさいので、やらない」という話を何度か聞いたことがあります。もちろん申告しなくてはいけないことですが。

アメリカでは日本と違って、会社員でもすべての納税義務者は、確定申告をします。アメリカ人は日本人と比べれば組織への従属度が低く、自立しているといわれますが、自分の納税額を自分で把握するという意味で、こうした点でも自立しているといえるかもしれません。

会社が納税を代行してくれる源泉徴収の仕組みは、諸外国でもありますが、年末調整までを会社が面倒を見てくれるのは日本の特色のようです。改めて、「会社員は楽だ」

と、思うでしょうか。確かに楽でしょうが、自立性は失われるかもしれません。

いつもお母さんがいろいろ面倒を見てくれる子供は、心強いでしょうが、自立心はもしかしたら損なわれるかもしれません。どちらがいいとは一概に言えませんが、面倒だから悪いというわけではないのは確かです。所得税についての知識や、節税の意識も芽生えることは確かです。

経費とは何か

確定申告の作業をしていると、その過程で家計の中身を知ることができます。定期的な健康診断のように、家計の診断ができます。世の中には、国家経済や国際経済の動向への関心や知識はあっても、灯台下《もと》暗しというのか、家計や生活経済の仕組みについて暗いジャーナリストがいるのも確かです。

確定申告をするにあたって、書類作成は年に一度ですが、日常的に保管・記録しておかなければいけないのが「経費」の記録です。収入から経費を差し引いたものが所得だという話を先にしました。したがって、経費をしっかり計上していくことは重要です。

では、どんな経費があるのかというと、業種によっても異なりますが、一般的な分類としては以下のようなものがあります。

減価償却費　所有する車やコピー機などについての償却費用（高価なものについての費用で、一度に費用として計上しないで、何年かに分けて計上する方法）

外注費　外部に仕事を発注した費用

賃借料　仕事場を借りている場合の家賃

水道光熱費　仕事場での費用。自宅を仕事場としている場合は、その割合に応じて計上

通信費　電話、インターネットなどの費用

福利厚生費　お茶代、慶弔費、研修会などの費用

旅費交通費　出張や事務所までの通勤費など

交際費　打ち合わせや接待費、中元・お歳暮など

消耗品費　事務用品代など
広告宣伝費　名刺代、広告費など
運賃・荷造費　運送代など
修繕費　仕事で使う車の修理代など
支払手数料　税理士などへの報酬、振込手数料など
租税公課　自動車税、印紙税など
雑費　その他、さまざまな費用

これらのうち、業種によってほとんど関係のない項目もあります。反対に物品販売をするような場合は、販売した商品の仕入れ価格や製造原価が、経費のように扱われて収入から差し引かれます。

仕事（事業）の規模がそれほど大きいものでなければ、家庭の「家計簿」に近いかもしれません。一見面倒に見えますが慣れてしまえば、それほどのことはありません。自宅と仕事場を兼ねている場合は、どの程度が仕事用で、どの程度が私用なのか、大まか

に判断して費用を按配《あんばい》しますが、こうした計算をするなかで、家計の実態も見えてきて、経費の確認を通してその診断ができます。

ところで、フリーランスでも、原稿料のように、支払われるときに会社員の給与と同様、あらかじめ源泉徴収がされていることがあります。つまりその都度所得税を納めているわけです。仮にこうした納め済みの所得税（源泉徴収の合計）が、最終的に確定した一年間の所得税合計よりも多ければ、すでに税金を払いすぎていることになり、過払い分はあとで還付されます（戻ってくる）。また少なければ、足りない分だけ自分で直接納めればいいのです。

青色申告と白色申告

フリーランスが確定申告をするとき、白色申告か青色申告かのどちらかで行います。変な言葉だと思うでしょうが、これは提出する用紙の色によって、内容が違うので、こういわれます。青色申告では、売り上げや経費などについて帳簿に細かく記載する義務があります。一般に収入が大きくなれば青色申告を行っているようです。

経営内容が細かく把握されるだけでなく、青色申告をすると「青色申告控除」という特典があって、毎年の所得から一〇万円（単式簿記を採用した場合）、あるいは六五万円（複式簿記を採用した場合）の控除が受けられます。事務処理は大変でも、課税される所得を少なくすることができ、節税できるということです。

個人事業税と消費税

通常のフリーランスの概念とは少し異なりますが、物品販売や工務店・大工、資格をもって事業をしている税理士や弁護士などは、個人事業税を支払わなければなりません。ただし事業所得が二九〇万円以下であればその必要はありません。

個人事業税を支払う業種は、地方税法で大まかに決められていますが、細かいところは各都道府県の税務事務所の判断となるようです。フリーライター、カメラマン、デザイナーなどはこれには該当しません。

こうした個人事業を開業する者は、事業を開始してから一五日以内に税務事務所に届け出をします。しかし、届けなかったからと言って罰則があるわけではありません。できるだけ税務署としては、事業者を納税者として把握しておきたいという意味があります。

消費税については、フリーランスを含めて、個人で事業をしていて、前々年の収入（年商）が一〇〇〇万円を超えた場合は、支払う必要があります。消費税は、事業をしていない人にとっては、単に物を購入したりサービスに対して支払ったりするときに付随するものだと思っているかもしれませんが、実際はそれ以外に、取引にかかる場合もあり、「消費税」の「消費」という名前に惑わされてしまうとその実態が見えません。

フリーランスにとっては、消費税はかなりの痛手といっていいでしょう。所得ではなく、収入（経費を差し引く前の金額）が一〇〇〇万円を超えた場合というのは、所得はその何割かですから、かなりの負担感があります。それに加えて、不公平が生じることがあります。たとえば原稿を書いて原稿料をもらったときに、自分は消費税を納めることになっても、支払う側はその分を上乗せするという配慮がない場合があります。実質的に原稿料が削減されることになります。これは支払い側との力関係にもよりますが、力の弱い側が不利益を被ります。

個人住民税

このほか、個人で納める税金として個人住民税（都道府県税、市町村税）があります。これは会社員だろうがフリーランスだろうが同様に納めるものですが、会社員の場合は、所得税と同じように会社が毎月給与から差し引いて代わりに納めることになっています。

これに対して、フリーランスは自分で納める必要があります。一年間の所得に対してかかる住民税の額は、翌年の六月に確定します。会社員ならば、とりあえず暫定的に一月から住民税を毎月分割して納めていきますが、フリーランスは六月以降翌年の一月までに四回に分けて納めることになっています。

つまり八ヵ月の間に、一年分を納めるわけですから、その準備をしておかないと一度の負担が大きくなります。また、気をつけなければいけないのが、前年の所得を基準にするので、たとえば会社を辞めて、フリーになった場合は、一般に収入はそれまでより少なくなるのに、住民税の方は前年と同じ額をそれもまとめて納めなければならないということです。

前の年に勤めを辞めて、フリーになる前に海外に留学しようと思っていた人が、住民税の支払い通知をもらって「え、こんなに支払わなければいけないの？　支出の予定が狂ってしまった……」と、目を丸くしたというような話はよくあります。

結婚に対しての離婚と同じようなもので、会社員も、始める（就職する）ときはあれこれ教えられますが、辞めるときのことは前もって、あまり教えてもらえないものです。

住宅ローンなど

カードローンや消費者金融が今日のように広まっていなかったころ、割賦販売の店で分割支払いをするためのカードを作らないかとお店の人に言われ、手続きをしようとしたところ、私が会社員ではないというと、「残念ですがお作りできません」と断られました。

有名文学賞を受賞したこともある、女性作家が住宅ローンを借りようと申請したら断られたという話も聞きました。会社員でないと、実際は会社員以上に稼いでいてもなかなか審査が厳しいものだと、驚くと同時にあきれました。

フリーだけでなく、一般の自営業も同じですが、家を借りる際には勤め人より難しいことがあります。かつては自営業者、女性、高齢者に対して、賃貸住宅を貸す基準は露骨に差別的ともいえるほど厳しかったものです。近年ではこうした差別はあまりありませんが、フリーランスに対しては審査が厳しいところもあります。これが住宅購入となると大きな障壁があります。住宅ローンは、住宅を買う際の巨額の借金です。同じ社員で他の条件が同じなら、一般に大企業、中小企業、零細企業の順番で、融資を受けるのがより難しくなります。

さらに契約社員や派遣社員はより融資の基準が厳しくなり、アルバイトやパートになるとまず難しいでしょう。金融機関によっては、自営業者やフリーランスへの融資を積極的に行っているところもあります。しかし、その際の金利は、会社員に比べれば二、三パーセントも高いことがあります。また、会社員なら「頭金なしでＯＫ」のところが、物件の一、二割を条件とするというところもあります。

「これはひどい、一種の差別だ！」と思われるかもしれませんが、もしあなたが貸す側だったらどうでしょうか。まず、基本的には安定した会社（大企業や公共機関など）に勤めている人に貸したほうが安心だと思うのではないですか。これは見方を変えればその人をみているわけではなく、その人が所属している組織をみているわけです。

フリーランスや契約社員で何年か働いて経験を積んでいる人よりも、まだ一年ほどでも大企業の正社員のほうが住宅ローンを組むのに有利なのです。

フリーは実績が必要

以上のようにフリーランスに対しての融資は、企業の正社員や公務員など組織に雇われている人に比べれば、融資はかなり厳しくなります。企業がつぶれることはほとんど考えられなくても個人の仕事がなくなることは容易に考えられるという判断でしょう。

したがって、ある程度確かに仕事をしていて、収入が安定しているということを融資側も確かめる必要があります。

その基本が仕事の実績です。まだ始めて間もないと判断はつきませんが、たとえばフリーランスで広告デザインの仕事を五年以上続けているとなれば説得力があります。もちろん融資に見合った収入の証明が必要です。収入の証明は、会社員なら勤め先が、毎月社員に示す給与明細や、こうした場合に作成してくれる前年の収入証明を見せれば済みます。

フリーランスの場合は、収入の証明は確定申告の提出書類のコピーで示します。先に説明したように毎年、自分が支払う所得税を確定する際に税務署に提出するこの書類で、売り上げがいくらあって所得がいくらあるかなどを示します。住宅ローンの審査の場合は、一般に、過去三年分の確定申告の書類（コピー）を提出し、その平均額を収入の目安とされて、融資金額や融資の可否についての判断材料とされます。

ローンと消費者金融

自分がいまいくら稼いでいて、今後かなり稼げる予定があるといっても、問題は過去の実績と肩書きです。確定申告である程度の実績を残しておかないとフリーの場合は信用されません。ついでにいうならば、住宅ローンの審査については、一般に消費者金融やカードローンなどを利用して滞納や支払いの遅延があるなど信用を疑わせるような事実があると、とたんに不利になります。

細かいことですが、携帯電話の月々の支払いも、単純に利用料金のほかに本体機器をリースしている場合は、そのためのローンを組んでいることと同じなので、支払いの延滞は自分の信用に傷がつくと思っていいでしょう。

そうしたことは、購入する際に教えてくれませんから、うっかりして払い忘れたということでは済まない場合がでてきます。いざ、家を購入しようと思ってローンの審査を受けたところ、過去にこのような事実があって不利になったという例はあります。

消費者金融、カードローンなど、お金を貸す宣伝がいたるところでみられます。このためか若い人は、借金に対して軽い気持ちになっている傾向があるようです。消費者金融を使いすぎると、返済が危うくなるのはいうまでもありません。当然、住宅ローンを借りようとした際に支障になります。

ところで、こうした消費者金融は大手の銀行（グループ）の傘下にあります。一方、そうした大手銀行は住宅ローンも金融商品として提供しています。いまは金利も非常に低く貸す側の競争は激化しています。住宅ローンというのは、住宅を担保にして厳しい審査の上に貸し出す、手堅い商品です。ほかの金融商品と比べるとしっかり返される率が高くなっています。手堅い借金ですから金融機関は借りてほしいと訴えています。

しかしよく考えると不思議です。住宅ローンを借りるときに支障になりかねない金融商品を宣伝しながら、一方で手堅い住宅ローンを宣伝しているということです。もしかしたら金融機関はとても巧妙に、消費者金融を利用する人と、住宅ローンを利用する人を、分けて考えているのかと思えるくらいです。さらにいうならば、大手の金融機関に勧めるような人は、住宅ローンはもちろん利用しても、消費者金融を利用するのだろうかという疑問があります。このことをどう考えるか、難しい問題です。

住宅ローンとフリーランスとの関係に戻ると、ただでさえ審査が厳しいフリーの場合は、他のローンや借金などについては慎重にならなくてはなりません。面倒なようですが、こうしたことを意識していれば、自分を厳しく客観的に見る目を養うことにもなります。

医療保険

日本では、「国民皆保険」といって国民は誰もがなんらかの公的な医療保険に入らなければいけません。これは強制です。これによってもし病気になって病院で診療をうけたとき、診療費が一万円かかったとしても医療保険でその七割を負担してくれるので、実際に支払うのは三〇〇〇円で済みます。逆にいえば九〇〇〇円支払ったときは実は三〇〇〇〇円かかっていたわけです。

公的医療保険の種類は、フリーランスか会社員かなど、身分や所属する組織などに応じていろいろで名称も複雑です。会社員の場合は、「健康保険（健保）」という保険に入ります。公務員や私立学校の教職員は「共済組合」です。船員は「船員保険」で、七五歳以上の高齢者は「後期高齢者医療制度（長寿医療制度）」となります。そして、デザイナーなどのフリーランスやラーメン屋経営の自営業、それから農業を営んでいる人、さらに退職者などは、すべて「国民健康保険（国保）」に入ることになっています。

こうした保険は、加入する人が支払う保険料と国からの補助を受けて組合を組織して、運営されています。健康保険でも、従業員が多い企業の場合は「〇〇電気健康保険組合」などと単独で健康保険組合をつくっています。また、同じ地域や同業種の企業は合同で健康保険組合をつくっています。これらを「組合管掌健康保険（組合健保）」といいます。さらに、中小企業などで働く人は「全国健康保険協会管掌健康保健（協会けんぽ）」に入ります。

国民健康保険（国保）は、市区町村が運営主体ですが、なかには同業者で組織されている「国民健康保険組合（国保組合）」が運営しているものもあります。医師、薬剤師、文筆家などがこうした組合をつくっています。ですからフリーランスでも人によって国保のほか国保組合に入る人もいます。

ご覧のように、保険の名称からしてばらばらで実にわかりにくく、また仕組みも保険によって異なり理解に苦しみます。ちなみに、ある制度について、その名称や制度を説明する言葉が複雑だったり、わかりにくかったりするのは、往々にして制度自体に問題があることを反映しています。ですから、わかりにくい説明をしなければ説明できないような制度や組織は要注意です。

会社員らが入る健康保険や共済組合とフリーランスなどが入る国保とでは、かなり仕組みに違いがあります。まず健保や共済組合は、保険料はそれぞれの組合に加入している人（被保険者という）の収入によって変わりますが、その半分は会社などが負担してくれます。加入者だけでなく、扶養者がいれば、その人たちもまた保険の給付を受けることができます。

一方、国保はまず健保のように個人単位で加入するのではなく、世帯単位で加入します。世帯主が保険料の全額を支払います。その額は、世帯の所得と加入する家族の人数などできまります。健保では保険料の半額を会社が負担してくれますが、国保は誰も負担してくれません。全額を支払う必要があります。この点が、健保と国保のもっとも大きな違いです。会社が半分負担してくれる分、会社員であることが得な面だと言えるでしょう。

定年後の人生設計

若いうちは「定年」のことなど聞かされてもピンとこないでしょうし、関心もないでしょう。しかし、不思議なことにあっという間に年月というのは経つもので、定年が近くなって「もう少し前から定年後について考えておけばよかった」と、こぼす話をよく聞くものです。

超高齢社会を迎えて、定年後＝老後がかなり長くなった昨今、かつての定年の概念は変わらざるを得なくなっています。先のことを懸念して、計画ばかりが先行する人生設計は味気ないかもしれませんが、ある程度計画せざるを得ないほど長い人生になっているのも事実です。

いつまで働くか、あるいは働きたいのか。これは大きなテーマです。会社員や公務員など、雇われている人にはほとんど「定年」があります。かつては大企業でも五五歳で定年でした。現在は多くの企業が六〇歳を定年としていますが、その後は隠居で悠悠自適などという人はほとんどなく、仕事を続けたい、あるいは続けざるを得ないというのが一般的なようです。

その理由の一つは、公的年金（厚生年金）の支給開始年齢の引上げにより、六〇歳で仕事をやめてしまったら、年金が支給されるまでにブランクが生じてしまうということです。こうした事態に対応して、六〇歳などで定年を迎えた社員のうち、希望者全員に六五歳までの継続雇用制度の導入を企業に義務付ける改正高年齢者雇用安定法が成立しています。

本当に生活のために仕事が必要な人はいます。ただ一方で、定年後何もすることがなくて困る、生きがいのために働きたいという人もいます。そのため民間企業でも教職など公務員でも、こうした需要に応えて、そもそも生活のために働く必要のない高齢者までも再雇用や雇用延長しています。

しかし、こうしたことで、若い人が雇用される機会を狭めているのも事実でしょう。

一例を挙げれば、地方の学校現場では多くの若い人が正規の職員になれず、臨時講師として働いています。その一方で高齢者の再雇用が行われています。生活と将来への切迫度からみれば、あくまで一般論ですが、若い人に道をより開いてあげたらどうかという意見はでています。

定年の話にもどれば、フリーランス、自営業には、あたりまえですが決まった定年はありません。建築関係、工芸関係などの職人の世界では、六〇歳はまだ磨きのかかる年齢です。年齢とともに肉体的な制約はありますが、ライター、デザイナー、あるいはIT関係のエンジニアでも十分に仕事はできます。とくに手に職というか、技能を持っている人は、健康ならば生涯現役を貫くことができそうです。

長年培った実績とネットワークで仕事が途絶えなければ、単純な年齢による「定年の壁」はありません。反対に会社員ではありませんから、退職金はありません。国民年金だけでは生活できないので、自主的に定年したくてもできない、という事情の人もいるでしょう。

面白いのは、長年会社勤めをして定年を迎え、かなりの額の退職金を手にして、十分な年金も入ってくる、もう働く必要のない元企業人のなかに、「何もやることがなくて困る」とぼやいている声があるのに対して、生活のためにはまだまだ働かなくてはいけないフリーランスのなかに「仕事以外にやることがあるので、できれば引退したい」という声があることです。なかなかうまくいかないものですが、だからこそ人生は面白いのかもしれません。

年金はどうなるか

今の若い人が高齢者になったら果たして年金は今のようにもらえるのか、といった年金問題がよくニュースになります。この場合の年金は、公的年金のうちの「老齢年金」といわれるものです。公的年金は、会社員や公務員とフリーランスとの違いが公的医療保険よりさらに大きくなっています。

年金制度は「三階建て」になっているとよくいわれます。というのは、まずフリーランス（自営業者）でも会社員でも公務員でも、みな国民年金（基礎年金）に加入します。

これに加えて会社員は「厚生年金」、公務員は「共済年金」に加入します。さらに、企業によっては「企業年金」の仕組みをとっているところがあります。つまりフリーランスは最初の「国民年金」の一階部分だけということで、おのずと支給される額は他に比べると少なくなっています。

また、公的医療保険とおなじで、厚生年金や共済年金の保険料（給与の額に応じて決まる）は、その半分を勤め先が負担してくれるのに対して、フリーランスなど国民年金だけに加入している人は、全額自分で支払わなければなりません。ここでも差がかなり生じます。

さらに、会社員や公務員が配偶者（夫や妻）を扶養している場合は、届出をしておけば配偶者は保険料を納める必要はありません。国民年金では、配偶者は独自に国民年金保険料を支払わなくてはなりません。この点をみると、ますます自営やフリーランスが不利だという気がしてきます。

しかし、実際は悪質な企業があり、医療保険や年金について会社の負担を減らすために、正社員に対して国民健康保険、国民年金に加入せざるを得ない状況に置いているところがあります。かなり真っ黒なブラック企業といってもいいでしょう。

フリーランスを長年つづけている人のなかには、年金については、会社員でないことのデメリットに危機感をもっている人も多く、自営的な措置として退職後の経済的な保障を考えています。しっかり貯蓄をするというのもひとつですが、個人事業者を対象にした「小規模企業共済」を利用するのも一案です。

この制度は退職などによって生活が困らないように、一定金額を積み立てる制度で、積み立てた額は毎年全額、確定申告の際に所得から控除されるというメリットがあります。

労働保険——雇用保険（失業保険）と労災保険

フリーランスには仕事がなくなっても保障はありませんが、会社員など雇われている人は、会社を解雇されたりやめたりしたときは、つぎに雇われるまで一定期間、雇用保険からお金（求職者給付）が支給されます。正社員はもちろんのこと、労働時間など一定の条件を満たしたパートでももらうことができます。

これは、会社と労働者の双方が毎月負担して雇用保険の保険料を支払っているからで、労働者は給与から自動的に差し引かれています。

一般には失業保険といわれるこの給付金は、倒産など会社の都合で辞めた場合は、すぐに給付されますが、ほかの仕事がしたいなど自分の都合での失業の場合は、三ヵ月余を経て支給されます。支給期間は年齢や勤続年数によってかわり、支給額は失職前にもらっていた賃金の五～八割です。いずれにしても雇われていたことで万一のときに保障があるわけです。

もう一つ雇われているからこそ受けられる保険が労災保険です。仕事中にケガをしたり、仕事が原因で心身の病気になったりした場合、これらは仕事が原因の「業務災害」になり、労働者災害補償保険法（労災保険法）によって、必要な治療費は全額支払われます。通勤途中に事故に遭った場合にも適用されます。また、治療以外でも、傷病が長引いたときは傷病年金が、死亡した時は遺族給付などが、さらに介護が必要な場合には介護給付があります。

労災保険の保険料は会社が全額負担します。万一会社が保険料を支払っていなくても、労働基準監督署に申請し認定されれば支払われます。

フリーランスの場合はもちろん、請け負う仕事がなくなるなどしても、保障などはありません。また、仕事の最中に事故にあっても、仕事が原因で病気になっても公的な医療保険（国民健康保険）があるだけで、基本的に保障してもらえる手立てはありません。したがって、心配であれば、自分で民間の保険に入るなどして備えるしかありません。たとえば誰もが入ることができ、ケガと病気をともにカバーする都道府県民の共済制度などがあります。収入が途絶えたり減少したりしたときのためには所得保障保険というものもあります。

労働時間と過労死

このように見てくると、働く上での万一の保障という点では、明らかに雇われている方が利点があると思われます。確かに表面上はそうでしょう。しかし、働く内容をみると必ずしもそうとはいえません。労働時間についてみると、会社員の場合は一応法律で決められていますが、実際は健康を損うほどの長時間労働を強いる企業や職場は数限りなく存在します。

長時間労働がもたらす過重な勤務・労働が、過労による疾患やときには死をもたらす基本的要素であることはいうまでもありません。過重な労働が、脳血管疾患や心臓疾患をもたらしたり、強度の心理的負荷が精神障害を引き起こしたりし、最悪の場合には死亡や自殺に追い込むことがあります。過労死問題は一九八〇年代後半に社会問題として表面化しますが、その後も根本的に改善されることはなく、過労死等防止対策推進法ができ施行されたのは二〇一四年一一月です。

いまだ長時間労働が放置されていて、その是正が本格的に行われないうちに、国は、高年収で専門的な仕事に就く人を労働基準法の時間規制から除外する「ホワイトカラー・エグゼンプション」（残業代ゼロ制度）を導入しようとしています。これについては、違法労働を取り締まる役割の労働基準監督官の多くが、「長時間・過重労働がいっそう深刻化する」と考えていることからも、会社員を取り巻く長時間労働が、健康に被害を及ぼす可能性を否定できません。つまり、病気になったときの補償がいくらあっても、病気にならないようにする環境がどんどん損なわれていくのであれば、果たして安心できるのかということです。

これに対してフリーランスと労働時間の関係はどうかというと、抱えた仕事の量やそれぞれの仕事のスタイルによってまったく違うでしょう。

例えば、経済的な豊かさより家族との時間を優先したいという人もいれば、ほとんどいつも仕事のことばかり考えて、実際に仕事に費やす時間が多いという人もいます。ただ、多くの場合、そのスタイルを決めるのは自分だということです。これは、同じ長時間働いたとしても、上司に言われるから、あるいは職場のノルマがあるからというプレッシャーのなかで働く会社員とは、ストレスや精神的な負荷が違うことは明らかです。

上司と仲間——縦社会と横社会

雇われている場合は、労働時間だけでなく組織に属しているということでの負担もまたあります。上司との関係という心理的な負担は、その最たるものです。パワー・ハラスメントをはじめ、そのひとつであるセクシャル・ハラスメント、さらにマタニティ・ハラスメントなど、職場における一種の嫌がらせやいじめは後を絶ちません。

　これらは企業組織という縦社会のなかでの力関係を利用した、つまり一般に逆らえない立場を利用した卑劣な行為です。こうした問題行為ではなくても、上司と部下という関係のなかでは、逆らえずストレスを抱え込むことになるのは、ある程度は会社員であることの宿命でしょう。

　この点、フリーランスには基本的に仕事で恒常的な上下関係がありませんから、こうしたストレスはありません。もちろん、仕事を請け負ったりものを売ったりする過程で、取引先や顧客に対して、気を遣うことでのストレス、仕事を発注してもらうという下請け的な立場であれば、力関係に基づくストレスもあります。また、材料や仕入れ費など元手がいる仕事では、資金繰りのストレスが人によっては大きな負担になっています。しかし、それは一時的なものが多いので、組織のなかでの人間関係によるストレスとは質が違います。

通勤と仕事場

業務委託のため必要なところに一定期間に限って、毎日規則的に出向いて行かないとできない仕事をする場合や、自宅とは別に仕事場を設けて毎日出かけて行くことを習慣としている場合を除いて、フリーランスにいわゆる通勤はありません。建築にかかわる職人的な仕事で現場に出かけることはありますが、それも一定期間のことです。また、請け負った仕事を期日までに仕上げればいいので、とくに時間を決めて規則的に拘束されることはあまりありません。

この点について、なによりこれがフリーランスのいいところだ、という人はいます。都会の混雑したラッシュアワーのなかを、スーツに身を固めて行き来することのストレスは、人によっては耐えられないでしょう。フリーランスのなかには自宅を仕事場にしていることはよくあります。自宅でする作業については、ラフな格好でかまいません。朝食のあとにすぐに仕事にとりかかることができます（いいことかどうかは別ですが）。

また、食事は家族と一緒にとることができます。

しかし、こうした利点はすべて両刃の剣《つるぎ》です。身だしなみを整えなくていいとなれば、仕事（オン）と休み（オフ）の時間の区別がつけにくく、周りの視線もないので、疲れたとかやる気がないとなれば、すぐにリビングのソファに横になってしまうこともあるでしょう。

また、自宅でできるということは、自宅に仕事をするスペースを確保する必要があります。しかし、その余裕があまりなければ、仕事とプライベートな空間を共用しなければならないので、家族が作り出す生活音に悩まされることもあります。さらに、自宅にこもっていれば、とかく運動不足になりがちで、外に出ていれば自然と入ってくる情報からも遮断されることになります。

ところで、自宅と職場を兼ねることはあくまで個人的な問題のはずです。しかし、アメリカでは自治体によって、自宅で何かの仕事をする場合は、許可を申請して、仕事が近所に危険を及ぼさないことが認められなければならないことがあります。在宅オフィスの面積の規制があり、特別の税金も納める必要もあります。住宅地としてのコミュニティーの質や価値を保持するためだと思われますが、自由なアメリカにしてはフリーランスに不自由な面といえます。もちろん、日本では自宅でただ執筆したり、デザインしたりするために許可がいることなどありえませんので、この点は自由です。

家族、時間、休暇

フリーでも勤め人でも、人によって時間の使い方は千差万別です。しかし、フリーであることは、もてる時間をどのように使うかを決める裁量は、はるかに大きいと言えます。時間の使い方に柔軟性を持たせることができます。

たとえば、子供がいて、どうしても運動会を見たいと思っていたところ、雨のため本来なら休日に行う予定が平日になってしまった場合です。会社員なら平日に急に休みをとるのがむずかしいところを、仕事を中断して運動会に行き、その分夜中や休日に仕事をするということもできます。もちろん抱えている仕事の量や取引先との関係にもよりますが、肝心なことは、自分のスケジュールを決める〝ボス〟は自分だということです。

デザイナーやライターなら、任された仕事を期日までに完成させればいいので、自分にとっての休日、平日を自分で決めればいいわけです。

会社員に比べて不安定な分、時間の使い方は融通が利きます。夏休みに家族旅行に行く際は、混んでいるお盆休みの時期を避けて、別に自分なりの休日を設定することができます。一般に混雑を避ければ、旅行のコストも低く抑えることができ、余裕をもって旅行をすることもできます。

みんなが休んでいるときに休まずに、そうでないときに行動することに疎外感を覚える人もいるようですが、それも一時のものでしょう。

コミュニティーとの関係

家庭を持っている男性で都市の勤め人の場合、一般に町内会など地域での活動は、奥さんに任せることが多いでしょう。子供がいる場合は、地域や学校との関係を母親を通して成り立つことが多くなるはずです。

これに対して、フリーランスの場合、時間の使い方に融通が利き、自分の裁量に任されている部分が大きいので、男性も地域（町内会）やコミュニティーの活動に関わりやすくなります。平日の集まりにも仕事を調整して出られるからです。

自宅で仕事をしていれば、日頃から地域の人との関係も、徐々に出てくるでしょうし、看板を出して事業をしているような場合はなおさらのこと、地元とのつきあいを大事にしなければいけません。例えば、個人で建築関係の工事などをしていれば、いつどんな形で、仕事上地元の人たちと関わらないとも限らないので、この点は重要です。

そこへいくと勤め人は、昼の世界は地域とはかけ離れているわけで、転勤が頻繁にあるとか、帰宅時間が遅いような人は、地域との接点は少ないでしょう。コミュニティーとの関わりはフリーであることで深くなるのが一般的です。これはお店などを営業している個人事業主ならなおさらです。

第五章　フリーでやっていこうと思ったら――「肝所」から考える

「社会に空いた穴」を埋めるのが仕事

自分はどんな仕事に向いているのか。この問いは、自分は本当は何をしたいんだろうという問いと同じく、若い人が進路を決めたり、仕事を選んだりする際に大きな壁となって立ちはだかることがあります。いや、近年は若い人だけではないでしょう。人生が長くなり、仕事も職場も第二、第三と変わっていくなかでは誰《だれ》もが自問することかもしれません。

「本当は、料理人に向いているのではないだろうか」、「意外と経理の仕事があっているのか」などと多少なりとも自分に向いている仕事について考えるはずです。しかし、実際には、やってみないと向き不向きはわかりません。とはいえ、結婚と同じように、一般的にはそうたくさんは経験できないので、試してみてこれがよかったという結論に達することは難しいのです。

そうであれば、やりたいことを第一に考え、やりたいことがすぐに見つからなければ、何かをやりながら模索してもいいのではないでしょうか。最初から向いていること、やりたいことにこだわりすぎると、前には進みません。

解剖学者で社会批評などの多くの著作がある養老孟司《ようろうたけし》さんは、仕事を「社会に空いた穴」にたとえています。道に穴が空いているとみんなが転んで困るからそこを埋める。それが「仕事」というものであって、社会の役に立つことで成り立っているのだと言います。それを反対に自分に合った穴があるかどうかなどと考えるのは、社会が必要としているかどうかという視点がないと批判しています。仕事というのはいいこともあれば悪いこともあり、合うか合わないかということより、いったん引き受けたら半端な仕事をしてはいけないとも言います。

ここから先は私の解釈ですが、彼が言おうとしているのは、必要とされる仕事を一生懸命やっているうちに自然と何をすべきかが見えてくるのではないか、ということではないでしょうか。

この言葉を読んだとき、実に耳が痛い思いがしました。自分も何をすべきかを考えすぎていたという反省です。そんなことは、玉ねぎの皮をむき続けるようなもので、中にある真理を発見しようと一生懸命になるのですが、結局は考えても考えてもその答えは見つけられないということだ、とわかったからです。

フリーランスについても同じです。フリーランスは職種ではなく、働き方なので、フリーランスに向いているかどうかは、職業（職種）選びと少し基準が違いますが、ともかく、まずはやってみないとわからないというのが私の正直な意見です。だいたい頭のなかで想像していても実際に体を動かして、体験してみると違うことはよくあることです。そのうえで、これはまずいと思ったら、軌道修正すればいいのです。

確かに、一般的にフリーに向く人、向かない人の性格的な特性はあるでしょう。でも、向いているかどうかを事前に判断するよりも、フリーランスでやっていこうと思ったら、こういう点に気をつけていこう、と考えるほうが前向きでいいのではないでしょうか。

ベテランの建具職人の親方に聞いた話ですが、「職人は器用な人より不器用な方がいい」ということです。その意味は、不器用な人は進歩は遅いが、覚えたことは確かなものになる、というのです。不器用ながらも技術を会得するには、人一倍の努力が必要で、それを惜しまず一生懸命やって覚えた技術は身に付くということです。

ということで、向き不向きはともかく、フリーランスでやっていくためのポインを考えてみます。

自分自身と仲良しになる

気骨のあるジャーナリストでありノンフィクション作家として知られた本田靖春《ほんだやすはる》さんは、新聞記者をやめて独立し、ノンフィクションの世界で名作を残しました。一時は大《おお》宅壮一《やそういち》ノンフィクション賞の選考委員をつとめていたこともある本田さんの作風について、同じく選考委員だった作家の吉村昭《よしむらあきら》さんは「ノンフィクションの人は、総じて文章に問題がある人が多いですが、本田さんは違う」と、評していました。

事実にも文章にも厳しい本田さんは、独立してフリーとして執筆していた生活について生前よくこう話していました。

「ぼくは、さいわい自分自身とはすごく馬が合うんで、やっていけるんだよ」

これは意味が深い言葉です。フリーランスは、基本的にひとりです。仕事は職人的なところがあり、チームプレーをするときはあっても個人の力量に左右されます。つまり失敗しても成功しても、その結果は自分に返ってきます。自分自身の能力の限界を知ることもあります。「上司がバカだから仕事ができない」と、言うこともできません。いつも自分と向き合っていなくてはいけません。

会社員のように安定していませんから、将来の展望や収入の面での不安もあります。そこでその都度「おれはやっぱり力がないから駄目だ」とか「私ってなんてダメなのかな。こんなことならやめておけばよかった」などと自分を責めたり、自分自身に嫌気がさしたりしていると、苦しくなります。

サラ・パレツキーの探偵小説の主人公、女性探偵ウォーショースキーはピンチになったときにこう言います。「ピンチになったときに自分を責めてもなんにもならない」と。危機を目前に「私ってなんてバカだったんだろう」なんて悔んだところで、何の解決にもならないということです。

フリーランスは、ダメなところもいいところも見えてきますが、それを自分自身受け入れることが必要なのでしょう。だから、本田さんが言ったように、自分自身と馬が合うことが大事なのです。いい自分も悪い自分も受け入れて、仲良くできることが大事です。繰り返しますが、自分ひとりしかいないのですから、自分が嫌いにならないことです。

コミュニケーションを嫌がらない

フリーランスで仕事をしている人のほとんどが、仕事におけるコミュニケーションの大切さを痛感し、強調しています。会社員でももちろん、仕事上コミュニケーション能力は必要ですが、組織のなかにいればチームで仕事をしていることが多いので、もし自分が対外的にうまくコミュニケーションをとれなくても、だれかがカバーしてくれることがあります。

しかし、フリーランスという基本的にひとりで仕事をしている場合は、代わりになる人はいません。仕事を発注してくれる相手（企業）や、自分が発注したり、協力を求める相手と仕事の打ち合わせをしたり、交渉をしたりするのはすべて自分です。これをこなすなかで、相手の言っていること、考えていることを正しく汲《く》み取ることができないといけません。

また、相手に不快感を与えたり、誤解されたりするようであれば、仕事の効率や成果に響き、収入の減少につながります。少々間違えても、変わらずに給料をもらえる会社員とは違います。また、失敗は直接自分自身の信用につながるという怖いところがあります。

また、仕事を進める上だけでなく仕事を獲得する上で、日ごろのコミュニケーション力は欠かせません。フリーランスの場合、どの職種でも仕事の入り方はさまざまです。「以前勤めていた会社から」、「友人・知人・先輩の紹介で」、「同業者の紹介で」、「これまでの仕事ぶりや作品を見た（知った）個人や企業から」、「自分から売り込みに行って」など、いろいろあります。

直接、仕事ぶりや作品を見たといって、知らない人から連絡してきて「仕事をお願いしたい」と言ってきてくれるのは嬉しいことであり、ありがたいことです。たとえば、建築家が個人住宅を設計して、それをたまたまみた人が「素敵な家だな、これを設計した人に自宅の設計を頼みたいな」と思って、連絡してきてくれてそれが仕事になれば理想です。

しかし、たいていの職種で多いのは、誰かからの紹介で仕事を受けることです。自分から積極的に紹介してほしいと頼んでいた結果もあるでしょうし、頼んではいなくても紹介される場合もあります。多いのが自分のことを知っている誰かを介してどこからか訪れる仕事の依頼です。あいまいであてにならない感じがしますが、実際はこうした人と人のつながりのなかから仕事になることが多いのです。

先輩や恩師の伝手や、同業者からの誘いなど、そのパターンはさまざまです。共通するのは、相手が自分のことを人間的にあるいは仕事人として評価していなければ、紹介されないということです。また、その場限りのつきあいではなく、次につながる丁寧なつきあいをしている（コミュニケーションをとっている）ことが大切です。

よく聞くのが、「もう、仕事が来ないし困ったなと思っていると、なんとか仕事が入ってくる」といった話です。偶然のように聞こえますが、実は過去に仕事を紹介してあげた人からの紹介だったという話があります。つまり自分がどこかでまいた種が実を結んだということです。

また、自分だけ仕事を得ようとするのではなく、同業者の仲間に積極的に仕事を紹介したり、一緒の仕事を持ち掛けたりすることで、どこかで助け合う仕組みが自然とできあがっています。フリーランスは同業者をはじめ関連する業者などとの横のつながりが大切という話を先にしましたが、積極的にこうした横のつながりでのコミュニケーションをうまくとって保っていくことが財産になります。

会社員も基本は同じなのです。しかし、会社員の場合は、部署がかわったり勤務地が変わったりすることで、それまでの仕事上の付き合いが切れることがあります。それで、それっきりにならざるを得ないことがあります。しかし、実際は、どこで将来関係してくるかわかりません。こうしたことに想像力を働かせている人は、フリーランスでも会社員でも一過性で終わらない人間関係を作っています。仕事のできる人は、一般に人とのつながりを大切にしています。

人付き合いに関するポリシー

ただし、ここで強調したいのは、フリーランスならではの人付き合いの特徴です。人間関係を大切にする一方で、嫌な人とは積極的に付き合わなくていいという自由がフリーランスにはあります。

どんな人とでも、最初は積極的にいい関係を作る必要があります。ただ、関わってみて「これはどうも自分に合わない」と思えば、関係を断つことができます。第三章で登場した電気工事のFさんの場合を思い出してください。Fさんはいやだと思う相手から仕事の依頼があった場合は、かなり高い見積書を出して結果として、仕事を断るようにしていました。上手な断り方です。

もちろん断ることで、仕事の幅は狭まってくるかもしれません。しかし、結果的にはこれは正しい判断だと思います。これも本田靖春さんの言葉ですが「断ることも大事」です。仕事が継続してあるかどうかわからないというフリーの立場だと、とにかく来る仕事はすべて受けようという気になります。仕事がないことへの恐れの反動でしょう。

しかし、そのなかにどうも自分のポリシーに反するもの、信用できない相手だなと感じるところからの仕事もあります。さて、どうするか。まあお金になるしゃろう、と疑問に感じる部分に目をつむって引き受けたとします。すると、どこかで疑問が膨らみ、気がついたときには「やらなければよかった」となることが多いのです。

こういうことを何度か私も経験しました。その結果、自分なりに得た教訓は「直感を大切にしよう」ということです。最初に変だな、嫌だなと感じたことは、あとになってその原因が具体的に形となって現れることが多いのです。おかしいと思っても報酬がよかったり、仕事が簡単そうだったりするとつい自分で自分自身を納得させて、「いいじゃないか」と受けてしまいます。が、最初に素直に感じた自分自身の方が自然なのです。

嫌だな、合わないな、と思う相手と仕事をすると必ず無理が生じます。「嫌だと思う相手とは仕事をしない」。これは精神衛生上大事なことで、これをかなりの程度実践できるところにフリーランスであることの意味があります。会社など組織のなかで働いていて、心の病に陥るのは、たいてい仕事そのものではなく人間関係に関わることが原因です。そこからある程度解放されるということは、フリーの利点といっていいでしょう。

矛盾するようですが、これがフリーランスならではの人付き合いの面白さかもしれません。独立しているということは、自分が自分のボスであるという話をしました。「この人とは関わっていても精神衛生上よくない」と思ったなら、自分が決めてやめれば済むわけです。その一方で、自分にとって大切な人や仕事だと思うことは丁寧な関係を慎重に築きつづけることです。こうした自分のなかで基準があれば、すべて仕事を失うことはありません。フリーランスは、仕事の内容ではなくやり方や全体としての働き方が問題であり、そのやり方を自分なりにわきまえていればいいのです。

人間関係を大切にして、誰とでもコミュニケーションをとりながらも、自分なりの人付き合いのポリシーをもつことがポイントです。そうした自由を持てることを知っておくことは重要です。

自己管理能力と切り替え

フリーランスの基本は、自分のことは自分で決めることです。逆に言えば、自分が決めなければ、決められないままになっているということです。誰も決めてくれたり背中を押してくれることはありません。たとえば健康管理という問題があります。会社員の場合、年に一度健康診断を定期的に受けることになっています。加入している医療保険組合からの勧めがあるからです。忘れていたり、面倒だったりして受けていないと「○○さん、まだ受けていませんよ」などと、親切に会社の関係部署から連絡があります。

フリーランスの場合、たいてい公的な医療保険は、国民健康保険に加入しているので、健康診断の案内は来ますが、別に受けないで放っておいてもそのまま過ぎるだけです。「もう、何年も健康診断なんて受けていないな」と、いうフリーの人の話はよく聞きます。当然、病気に対するリスクは高まってきます。

また、会社員の場合は、体の不調で会社を休んだとしても給料は減らされることなく支払われます。しかし同僚などに迷惑をかけるとなると、なかなか休めず無理をして体を悪くすることもあります。一方、フリーランスは休めば仕事が遅れて、日にち単位でみれば結果として収入が減ります。まさに体が資本なので、日頃から健康管理に気をつける必要があります。したがって体調がすぐれなければ早めに対処して、自分で決めて休むことです。

つぎに、お金の問題です。この点は、年に一度確定申告をするので、収入・経費、社会保障費などを把握しておく必要はあるので、気を配らざるをえませんが、それでもうっかりしていると、最後に支払うべき所得税（戻ってくることもある）のために現金を確保しておくことを忘れることがあります。

会社員のように一定の収入があるとは限らないので、ついつい多く収入のあったときにお金を使いすぎてしまいがちです。また、意識しないと定期的に貯蓄できにくいこともあります。

つぎに、時間の管理です。「無駄な残業をするな」と、会社員ならば言われるようなことも、もちろんフリーランスにはありません。自分の体が許せば、かなり長時間にわたって仕事をし続けることもあり、それが恒常化することもあります。悪く言うと、だらだらと働いて効率は悪くなり、公私の区別もつきにくくなります。健康を害することにもなりかねません。

こういうラフでイージー・ゴーイングなスタイルが好きだし、それが実践できるところが魅力的だ、という見方もあります。しかし、それも程度の問題で、適度な効率を心がけて自分を管理しないと仕事に支障が出ます。そうなると、フリーを続けること自体が難しくなり元も子もありません。さまざまな面において自己管理は必須です。

自分で自分を管理するというのは、難しい点があります。自分を客観的に見る必要があるからです。しかし、どう頑張っても自分を他人のように見ることはできません。自分ですべて自己管理できると過信すると落とし穴があります。やはり第三者の目に頼ることが必要です。医療、健康、保険などについて、よきアドバイザーとなる専門家との関係をつくっておくことは重要です。

情報の収集と発信

会社のような集団のなかで仕事をしていると、さまざまな情報が自然と入ってきますし、会社の命令によってさまざまなところに出向くこともあるでしょう。これに対してフリーランスは仕事の場の環境も含めて、ひとりで仕事をしていることが多いので、ともすると一日誰とも接触しないようなことも起こります。

自分の意志で動いているうちに、つい長時間労働してしまうのと同時に、情報の入ってくる道を自然と閉ざしてしまいがちです。集団を避けて個人で仕事をしていることの弱点（集中できることは強みでもありますが）は、こうしたところにあります。

会社を定年退職して、自然と家にこもりがちになっている夫に「そんなことしていると、老けるわよ」と、妻が苦言を呈するという話をよく聞きます。この場合は、働くわけではないので老けようがどうしようが、本人の勝手です。しかし、実際に老け込むことはあるようで、仕事でも外部と触れることが少なくなり、自分が意図しないのにかなり情報から閉ざされてしまうことは避けたいところです。

集団のなかや社会のなかへ出ていき、人とコミュニケーションをとることで、さまざまな情報が入り、それが仕事につながっていくことがあります。もちろん、仕事と関連するものをとらえようというアンテナを意識して立てていなければだめです。その意味では、さまざまなサークルや団体、講演会などに積極的に参加していくことは役に立ちます。

日本の企業は拘束時間は長い上、社員も帰属意識が強く、なかなか会社員が会社の枠を超えての活動をしにくいのが現実です。そこへいくとフリーは自由です。異業種交流や同業者の集まりや自分の趣味の延長でも出ていくことができます。私もこれまでさまざまなサークルや団体に足を運んでみて、そこから得たことが直接、間接に仕事につながったことは数えきれないほどあります。

サッカー愛好会に関わったことが縁でワールドカップの本を編集することになったり、アジア系アメリカ人文化の研究サークルへ参加することで、日系アメリカ人の本を書くことになったり、地元の同業者の集まりのなかから出版企画が実現したり、といろいろです。人とのつながりのなかで情報を得て、同時に自分自身について発信するなかでさまざまな可能性が広がってきます。

自分から外へ出ていかなければ、情報やチャンスは得られません。ただ、気をつけなければいけないのは、あまりに直接的な利益をすぐに求めないことです。世の中は、人に何かを与えて与えられるものであって、先に何かを得ようとばかりしてもその意図が相手に伝わり、利己的なものだと思われるだけです。そういう人は、同業のなかですぐに評判になるものです。それより、いつも互いに仕事や人間を紹介しあってともにプラスの方向へ進むような関係をいくつか作っておくことが望ましいでしょう。

いろいろな活動をしているうちに、自分のことがどんなところでどう伝わるかはわかりません。また、ふとしたことで興味ある情報に出合ったりするものです。情報の発信、収集によって仕事が豊かになっていくのは、らせん階段を上っていくようなもので、徐々に成果があがるものです。

責任と自覚、一国一城の主

私自身、会社員もフリーランスも経験して思うのは、個人としてはとても良識ある人が、会社員としては、かなり非情だったりときに違法なことをしたりするということです。例えば、出版でも、デザインでも、脚本でも、仕事を発注しておいて発注側（会社）が途中で約束を反故《ほご》にすることがあります。「会社の方針が急に変わって」とか「上司が代わってOKをださないので」といった理由で、断られた経験を持つフリーランスの人は多いでしょう。

会社側の担当者は、ふつうはとてもいい人で、彼（彼女）と個人的に仕事をしていたらこうしたことにはならないだろうに、会社の立場を代行するとなると変わってしまうわけです。会社という組織の都合には従わざるを得ないことがわかります。組織の力というのは怖いほど大きいところがあって、自然とそこに所属している人間を個人の顔から組織の顔に変えてしまうところがあります。無人格な会社というものの利益を第一に、社員個人が自然にその利益を代行してきます。そして、それが社会的に不公正だったり良識のないものだったりしても、押し通してしまうことがあります。

おそらく、自分が相手（会社）の側にいたらやはりこうした対応に出てしまわざるを得ないのかとも思います。しかし、もしフリーランス同士で仕事を発注したり、されたりする場合は、互いの立場を理解して、問題が起きたときに相手に不利益を被せるようなことはしたくないものです。たとえば、フリーランスAが企業から仕事を請け負って自分だけでは処理できなくて、別のフリーランスBに仕事を一部発注したとき、企業の方針で仕事が急になくなった場合、発注したフリーランスAは、自分のところで責任を引き受ける必要があるでしょう。

それを、「企業の方針が変わって」というのは、Aを信用して引き受けたBに対して不誠実だということになります。横のつながりが重要な世界だけに気をつけなくてはいけません。フリーランスは、ひとりでもいわば一国一城の主です。責任と自覚をもって対処することが、のちのちの信用につながります。何事も決めるのは自分だという話をしましたが、決めたことに対する責任も自分で負う覚悟が必要です。

友人との仕事には細心の注意を

もうひとつ気をつけなければいけないのは、友人と仕事で関わることです。相手が会社であってもその会社員である友人が窓口になっていて仕事をする場合や、別のフリーランスなど一個人である友人と仕事をする場合です。

ビジネスで付き合うことによって、友人関係のうちでは見えてこなかった側面を、互いに発見することがあります。とくに金銭に関することを議論したり、取り決めるなかでそれは浮き彫りになります。その結果、けんかになったりして友人関係が壊れることもあります。

フリーランスの側から見れば、とくに相手（友人）が会社員である場合、フリーランスという個人がいかに不安定ななかで緊張感をもって仕事をしているかということが理解されていないという不満が出てきます。一例を挙げれば、仕事の完成と報酬の支払いとの関係で、発注されたものを期限通りにおさめても、会社の都合で支払いが遅れることになった場合（よくあることです）、会社の窓口になる友人に不信感が募ることになります。友人は会社の立場を代弁せざるをえないので、関係は悪化するわけです。まれに会社に代わって個人で負担する人もいます。ビジネスのルールとしての良し悪しは別にして、会社員でもこういう人には、フリーランスの人はついていきます。

実際はそうでないのがほとんどで、その場合はもともとその程度の関係であり、相手のことがそれを機会によくわかる、といえばそうですが、あまり後味がいいものではありません。従って友人関係を仕事につなげるのは細心の注意が必要です。互いに利害関係を抜きにして仕事ができるくらいの、本当に親しい友人以外では、友人だからといって仕事上の関係を持つのは基本的に避けるべきです。これは友人間のお金の貸し借りと同じです。

会社組織の経験も役に立つ

最初に触れたように、フリーランスの定義ははっきりきまっているわけではありません。フリーランス的な仕事を含めてこれまで考察してきましたが、同じフリーランスでも、動機から見ると、積極的にフリーランスになろうとしてなった人、雇われる道も模索したけれど、就職できなかったのでフリーランスになった人、あるいは、クラシック音楽家のように、最終的な目的は別にあるがとりあえずフリーランスでいる人、といったように分かれます。

いずれにしてもフリーランスで仕事をしていくには、先に述べたことのなかで、とくに、コミュニケーション能力と人とのつながりを大切にすることを重視してほしいものです。人の力を借りずにやっていくのは不可能です。本業の実力をつけるのはもちろんのこと、どれだけ自分の周りに互いに相談したり、助け合ったりできる仲間がいるかは大切なことです。

才能があって、最初からフリーランスで仕事をはじめ、うまくいく人もいるでしょう。しかし、人間関係や社会的な関係を豊富にしておくという意味では、一度は会社員など雇われる仕事を経験するのは決して無駄ではありません。組織というのは大きな力をもっているし、さまざまな資質や能力をもつ人たちがいます。また組織の側からの仕事の見方もわかります。

会社（組織）の名前を使ってこそ会える人や、関わることができる仕事があります。そうした機会をできるだけ自分のキャリアのためにも積み重ねて実力をつけておくことです。会社を通じて得た経験や人脈を大切にしておくことで、会社を離れ独立したのちにも生かすことができます。音楽業界などでは、人の動きも激しいので、こうした関係を生かしてフリーで活躍している人がたくさんいます。

不安は具体的に考える

フリーランスのスタートを切るときは、できることなら仕事が確保できるのを見通してからが望ましいのはいうまでもありません。家族がいればなおさらのことで、それまで身近に個人事業主やフリーランスの人がいない家族の場合は、心配になるのは無理もないことです。こういう時は、社会保障も含めて、具体的に仕事や収入の見通しを検討することです。

不安は漠然とした将来への不安としてやってくるものです。なぜ不安なのか漠然としているからより不安なのです。漠然としている中身（不安要因）を一つひとつ具体的に検討していくことで、不安はある程度解消していくことになります。出版社に勤める五〇代の知人が、あるとき会社を辞めてフリーランスになろうとしました。しかし、それを妻に告げたところ「それならもう家を売らないと駄目ね」と彼女はいきなりパニックになりました。彼女はなぜか、突然収入が激減することによる不安定な将来を思い描いたようでした。

しかし、彼が退職金や将来の年金や住宅ローンの残高などを数字を挙げて説明し、これから計画しているライフスタイルを冷静に説明したところ、かなり納得できたようです。このほか、収入と経費のバランスを見て、病気や事故に遭った時の対応や公的医療保険など社会保障の仕組みなどを理解しておくことです。会社を辞めればすぐに国民健康保険に切り替えるなど、必要な公的手続きもあります。

具体的にこうしたことを考慮したうえで、なお会社員の方がいいのか、フリーになった方がいいのかとまだ迷っていたとしたら、もうその時点で、フリーランスでやっていける算段と覚悟がそれなりにできているのでしょう。あとはやってみるしかないとしかいいようがありません。

働き方、生き方の選択肢を広く

学校を卒業して初めて社会にでるときはまず「雇われる」働き方をたいていの人がします。しかし、実社会をみれば人に雇われるだけでなく、フリーランスという働き方を選んでいる人、個人で小さな事業を立ち上げている人がたくさんいます。

会社員に比べれば収入は不安定で、将来の見通しが立ちにくい、社会的な立場が弱いと感じるなど、ネガティブなことはたくさんあります。しかし、それでも四苦八苦しながらそこそこ自由に働いている人たちがいます。その業種もさまざまです。こういう生き方をみると、いろいろな働き方、生き方があると思って、少し世の中が広くみえるのではないでしょうか。

個人でお店を開くなども含めて、雇われないで独立する仕事の仕方、生活の仕方もある、ということを知っておくことは、決して無駄ではないはずです。何事もいろいろな選択肢があるということを知っておくことは、物事を相対化してみることになり、偏狭な見方に陥らないことにつながります。一つの常識を絶対的な価値だと思い込まないことになります。

フリーランスで生きるか、会社員で生きるか、それぞれ特徴があります。スタートは雇われる仕事ではじめるでしょうが、ことによるとその後、フリーランスになったり独立して起業したりすることもあるかもしれません。そしてまた、会社員に戻るというのも、これから先、長い職業生活のなかでは働き方としてあり得るでしょう。

そして、いずれの道を歩むにしても大切なのは、自分で決めるということの自覚ではないでしょうか。家庭の事情など、いろいろ制約は大なり小なり誰もが抱えていることです。それを考慮したうえで、最終的には、自分で選び取ったものであれば、たとえ躓《つまず》いても、それなりに納得がいくはずです。

あとがき

日本で最初にウィスキーをつくった日本人とスコットランドから来た妻の人生を追った、NHKの朝の連続テレビ小説「マッサン」（二〇一四年度下半期放送）の最後のほうで、妻のエリーが娘のエマの婚約者マイクと言葉を交わすシーンがありました。

マイクは会社に雇われてカメラマンの仕事をしていましたが、フリーランスになろうかどうしようか迷っているとエリーに話します。自分の好きな写真を撮って仕事にしていこうとすれば、生活が厳しくなることを覚悟しなくてはいけない、そうしたらエマを幸せにできるだろうか、と悩んでしまうというのです。

すると、エリーがこう答えます。Life is challenge and adventure.（人生は挑戦と冒険だ）。フリーランスになること自体も挑戦や冒険かもしれませんが、自分の思った道をちょっと大変だと思ってもやってみようということは、挑戦や冒険だと言おうとしていたのでしょう。エリー自身が挑戦と冒険を経てきて、納得のいく人生を送ってきたから、言える言葉です。

フリーランスという言葉が意味するのは、具体的な職業ではなく、働き方です。もう少し広く解釈すれば、生き方といってもいいでしょう。つまり働く上での方法、生きていく上での方法にこだわっているのがフリーランスともいえます。結果だけを問題にするのではなく、結果に至るその方法、プロセス（過程）を問題にするわけです。

収入に関していえば、お金はほしい、でもお金を稼ぐことが問題ではなく、どうやってお金を稼ぐかを重視しているといってもいいでしょう。エリーの言葉に戻れば、挑戦と冒険も、いうならば目的ではなく過程です。挑戦の先に何があるのか、冒険の先に何があるのか、わからないけれどやってみることに価値を見出すものです。ビジネス的な世界でよく掲げられる「成功」という「結果」を求める価値観とは違ったものです。

今回、この本を書く過程で、改めて広い意味で、フリーランスで仕事をしているさまざまな職業の人に話を聞きました。そこで共通して感じたのは、人とのつきあいを大切にしながら、自分のスタイルをできるだけ守る、ということでした。

人は誰《だれ》かと助け合っていかなければ生きていけません。フリーランスというひとりの世界で生活している人はみなそう感じていて、だから横のつながりで仲間や友人を大切にします。その一方で、自分が判断できる世界を大事にしています。仕事の進め方、休日の取り方など、自分で決めることができます。それによって、不利益を被ることはあっても、それは覚悟の上だという緊張感があります。

こうしたスタイルを貫こうとすれば、ときに収入に影響があるでしょうし、生活も苦しくなるかもしれません。そうなると自由な時間がとれなくなり、結局、フリーランスでいることは、雇われていることに比べて不自由になってしまうことにもなります。しかし、それでも「しょうがない」と言えるのは、そこに至る過程に納得するからではないでしょうか。

結果にこだわる生き方、過程にこだわる生き方、その間のバランスをとっていこうという生き方、いろいろあるでしょう。そうした観点から見れば、フリーランスとして生きるということは、結果を求めながらも過程にこだわる生き方といえそうです。

自分自身が、新聞社や出版社の社員を経験してからフリーランスになって長年たち、改めてフリーランスというものはどういうものなのだろうと、ときどき考えることがありました。個人事業（自営業）も含めてフリーランスとして仕事をしている人には、確かに会社員とは違う、共通した働き方や生き方があると感じていたからでしょう。

しかし、一般にフリーランスについては働き方や仕事の内容も知られていません。それならばひとつ、若い人に向けて日頃学校などでは紹介されないフリーランスというものについて書いてみたらどうだろう。そんな問題意識を抱えていたところ、私が住む神奈川県の湘南《しょうなん》地区で、同じような仕事をしている人たちの集まりに呼ばれ、そこでたまたま筑摩書房の山野浩一さんにお会いしたのがきっかけで、本書は生まれました。

執筆の過程では、フリーランスでライターをしている高山和久さんをはじめ、多くのフリーランスの人から参考にお話を聞かせてもらいました。この場を借りてみなさんにお礼申し上げます。また、ちくまプリマー新書編集部の四條詠子さんには、励ましとともに構成についてアドバイスをいただきましたことを感謝いたします。

最後に、フリーランスという仕事の仕方、生き方への理解を通して、これから社会に出る人に、世の中にはさまざまな仕事や働き方があることが伝われば、と願っています。

二〇一五年六月

川井　龍介

◎参考図書

ダニエル・ピンク／池村千秋訳『フリーエージェント社会の到来　新装版　組織に雇われない新しい働き方』ダイヤモンド社
池上彰編・著『やりたい仕事がある！』小学館
進路情報研究会編『中学生・高校生の仕事ガイド』桐書房
田中美和『普通の会社員がフリーランスで稼ぐ』ディスカバー・トゥエンティワン
佐藤建一『やむなく会社を辞めて、「フリーで・個人で」仕事をする前に読む本』明日香出版社

ちくまプリマー新書

196
「働く」ために必要なこと
――就労不安定にならないために
品川裕香
就職してもすぐ辞める。次が見つからない。どうしたらいいかわからない。……安定して仕事をし続けるために必要なことは何か。現場からのアドバイス。

126
就活のまえに
――良い仕事、良い職場とは？
中沢孝夫
世の中には無数の仕事と職場がある。その中から、何を選ぶのか。就職情報誌や企業のホームページに惑わされず、働くことの意味を考える、就活一歩前の道案内。

185
地域を豊かにする働き方
――被災地復興から見えてきたこと
関満博
大量生産・大量消費・大量廃棄で疲弊した地域社会に、私たちは新しいモデルを作り出せるのか。地域産業の発展に身を捧げ、被災地の現場を渡り歩いた著者が語る。

192
ソーシャルワーカーという仕事
宮本節子
ソーシャルワーカーってなにをしているの？　70年代から第一線で活躍してきたパイオニアが、自らの経験を迫力いっぱいで語り「人を助ける仕事」の醍醐味を伝授。

201
看護師という生き方
宮子あずさ
看護師という仕事は、働く人の人間性に強く働きかけ、特有の人生を歩ませる。長く勤めるほど味わいが増すこの仕事の魅力に職歴二六年の現役ナースが迫る。

ちくまプリマー新書

238
おとなになるってどんなこと？
吉本ばなな
勉強しなくちゃダメ？　普通って？　生きることに意味はあるの？　死ぬとどうなるの？　人生について、生まれてきた目的について吉本ばななさんからのメッセージ。

028
「ビミョーな未来」をどう生きるか
藤原和博
「万人にとっての正解」がない時代になった。勉強は、仕事は、何のためにするのだろう。未来を豊かにイメージするために、今日から実践したい生き方の極意。

198
僕らが世界に出る理由
石井光太
未知なる世界へ一歩踏み出す！　そんな勇気を与えるために、悩める若者の様々な疑問に答えます。いま、ここから、なにかをはじめたい人へ向けた一冊。

226
何のために「学ぶ」のか
――〈中学生からの大学講義〉1
外山滋比古
前田英樹
今福龍太
大事なのは知識じゃない。正解のない問いを、考え続けるための知恵である。変化の激しい時代を生きる若い人たちへ、学びの達人たちが語る、心に響くメッセージ。

230
生き抜く力を身につける
――〈中学生からの大学講義〉5
大澤真幸
北田暁大
多木浩二
いくらでも選択肢のあるこの社会で、私たちは息苦しさを感じている。既存の枠組みを超えてきた先人達から、見取り図のない時代を生きるサバイバル技術を学ぼう！

chikuma primer shinsho

ちくまプリマー新書240
フリーランスで生《い》きるということ

二〇一五年八月十日　初版第一刷発行

著者　川井龍介（かわい・りゅうすけ）
装幀　クラフト・エヴィング商會
発行者　山野浩一
発行所　株式会社筑摩書房
東京都台東区蔵前二‐五‐三　〒一一一‐八七五五
振替〇〇一六〇‐八‐四一二三
印刷・製本　中央精版印刷株式会社

ISBN978-4-480-68944-3 C0295 Printed in Japan

乱丁・落丁本の場合は、左記宛にご送付下さい。
送料小社負担でお取り替えいたします。
ご注文・お問い合わせも左記へお願いします。
〒三三一‐八五〇七　さいたま市北区櫛引町二‐六〇四
筑摩書房サービスセンター　電話〇四八‐六五一‐〇〇五三